LITERATHEK

Herausgegeben von Florian Radvan und Anne Steiner

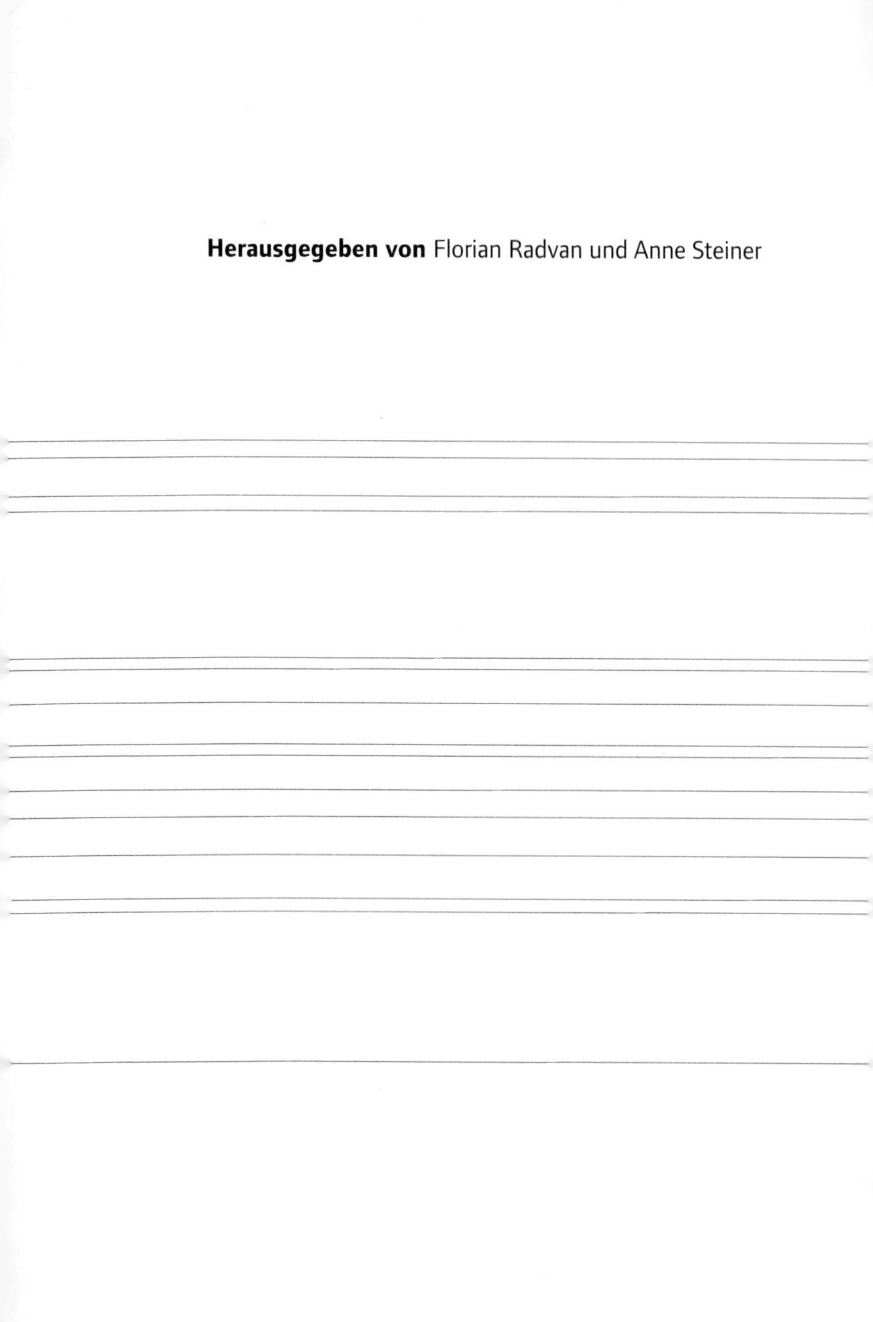

Gottfried Keller

Kleider machen Leute

Bearbeitet von Juliane Dube
und Janina Herrmann

Literathek

Gottfried Keller **Kleider machen Leute**

Redaktion Uschi Pein-Schmidt, Sickte
Layout und technische Umsetzung Buchgestaltung +, Berlin
Umschlaggestaltung HOX designgroup, Kay Bach, Köln

Bildquelle akg-images (S. 6)

www.cornelsen.de

Dieses Werk berücksichtigt die Regeln der reformierten Rechtschreibung und Zeichensetzung. Ausnahmen bilden Originaltexte, bei denen lizenzrechtliche Gründe einer Änderung entgegenstehen.

Die Webseiten Dritter, deren Internetadressen in diesem Lehrwerk angegeben sind, wurden vor Drucklegung sorgfältig geprüft. Der Verlag übernimmt keine Gewähr für die Aktualität und den Inhalt dieser Seiten oder solcher, die mit ihnen verlinkt sind.

1. Auflage, 7. Druck 2020

Alle Drucke dieser Auflage sind inhaltlich unverändert
und können im Unterricht nebeneinander verwendet werden.

Druck: AZ Druck und Datentechnik GmbH, Kempten

ISBN 978-3-06-062926-8

PEFC zertifiziert
Dieses Produkt stammt aus nachhaltig bewirtschafteten Wäldern und kontrollierten Quellen.

www.pefc.de

Inhalt

Kurzbiografie

Gottfried Keller

Als Sohn des Drechslermeisters Rudolf Keller (1791–1824) und seiner Ehefrau Elisabeth Scheuchzer (1787–1864) wurde Gottfried Keller am 19. Juli 1819 geboren. Während sein Vater aus einer Handwerkerfamilie stammte, hatte die Mutter eine bürgerliche Erziehung erfahren. Sie interessierte sich für Poesie und unterstützte ihren Sohn zeitlebens bei seinem Wunsch, als Schriftsteller tätig zu sein. Rudolf Keller engagierte sich politisch und sozial, sympathisierte mit liberalem Gedankengut und stand einer Armenschule, d. h. einer Schule für Kinder aus mittellosen Familien, die kein Schulgeld zahlen konnten, vor. Das Ehepaar verlor insgesamt vier Kinder, sodass Keller nur eine Schwester, die 1822 geborene Regula, hatte. 1824 starb der Vater an Tuberkulose, weshalb die Familie fortan in bescheidenen Verhältnissen leben musste.
Nach dem Willen des Vaters besuchte Gottfried Keller zunächst die Armenschule und wechselte dann für zwei Jahre auf das Landknabeninstitut, eine Schule für Jungen aus landwirtschaftlichen Familien. Er lernte gern, zeichnete Bilder und schrieb Gedichte und Theaterstücke. 1833 wechselte Keller in die neu eröffnete Industrieschule, welche Schüler auf technische und handwerkliche Berufe vorbereiten sollte, von der er jedoch bereits nach einem Jahr aufgrund eines Streichs gegenüber einem Lehrer verwiesen wurde. Da seine Schullaufbahn somit im Alter von fünfzehn Jahren endete, wurde er zum Autodidakten. Schließlich entschied er, sich als Maler zu

versuchen. Trotz eigener Entbehrungen unterstützte ihn seine Mutter finanziell, und so begann Keller 1834 eine Lehre in Landschaftsmalerei bei Peter Steiger in Zürich, der wahrscheinlich in seinem späteren Werk *Der Grüne Heinrich* (1854) als der äußerst ungeschickte Zeichner Meister Habersaat verewigt wurde. Mit Rudolf Meyer (1803–1857) fand er anschließend einen neuen Lehrer, der ihn viel effektiver in die Zeichenstudien einführte. Der Unterricht musste jedoch aufgrund der psychischen Erkrankung des Lehrers vorzeitig beendet werden. Trotz aufkommender Zweifel an seinem Berufswunsch entschloss sich Keller, nach München zu ziehen, um dort weiter an der Kunstakademie zu studieren. Der zweijährige Aufenthalt führte jedoch nicht zum gewünschten Erfolg. Das Geld wurde immer knapper und Gottfried Keller sah keinen anderen Ausweg, als nach Zürich zurückzukehren, um kurz darauf den Entschluss zu fassen, Dichter zu werden.
In seinem schriftstellerischen Werk sollte seine Enttäuschung über den vergeblichen Versuch, Maler zu werden, verarbeitet werden. Keller führte Tagebuch, schrieb Gedichte und politische sowie literaturkritische Aufsätze. Es erschienen seine *Lieder eines Autodidakten* (1845) und in Zeitschriften wurden eine Reihe von politischen Artikeln, Liebesgedichten und Aufsätzen zu Literatur und Kunst veröffentlicht, woraufhin ihm die Züricher Regierung 1848 ein Stipendium für einen Studienaufenthalt in Heidelberg bewilligte, wo er unter anderem bei Jakob Henle (1809–1885), Hermann Hettner (1821–1882) und Ludwig Feuerbach (1804–1872) studierte. Insbesondere die Thesen Feuerbachs beeindruckten ihn und prägten sein zukünftiges Denken.
Als Kellers Studium in Heidelberg beendet war, zog er nach Berlin und begann sich intensiv seinen Schreibarbeiten zu widmen. Diese Jahre sollten literarisch seine fruchtbarsten sein: Es erschienen die *Neueren Gedichte* (1851), *Der grüne Heinrich* (1854) in seiner ersten Fassung und *Die Leute von Seldwyla* (1856).

1855 kehrte Gottfried Keller schließlich aufgrund der finanziellen Notlage zu seiner Mutter und Schwester nach Zürich zurück. 1861 erhielt er das Angebot, das Amt des Staatsschreibers, einen sehr gut bezahlten Posten, zu übernehmen. Während seiner Amtszeit war Gottfried Keller von den Ideen einer repräsentativen Demokratie überzeugt und verfasste hierzu zahlreiche Artikel. Von 1863 bis 1865 war er zudem als Sekretär des Schweizerischen Zentralkomitees für Polen tätig, das zur Unterstützung von in der Schweiz Asyl suchenden polnischen Flüchtlingen gegründet worden war. Obwohl Keller seit seiner Ernennung zum Staatsschreiber wenig Zeit zum literarischen Schreiben blieb, arbeitete er stets an früheren Entwürfen weiter. Zwischen 1863 und 1872 entstand so wahrscheinlich auch die Novelle *Kleider machen Leute* als erste Erzählung im zweiten Band der *Leute von Seldwyla* (1873–1874).

Impulse für die Konzeption der Novelle erhielt der Autor aus literarischen Vorlagen zu Verwechslungs- bzw. Betrugsmotiven, wie Arnold Ruges (1802–1880) Werk *Eine bürgerliche Komödie,* dem anonymen Text *Der Schneidergeselle, welcher den Herrn spielt,* Wilhelm Hauffs (1802–1827) *Der Mann im Mond* oder *Der Zug des Herzens ist des Schicksals Stimme* (1825) und zahlreichen Märchen, z. B. *Das tapfere Schneiderlein*. Auf die Publikation der Novelle folgten zeitnah eine französische (*L'Habit fait l'homme,* Marie Rambert; 1864) sowie eine englische Übersetzung (*Clothes make the man,* Albert Singeisen; 1876), auf die noch weitere zahlreiche Überarbeitungen und Übertragungen in andere Sprachen folgten. Von der Kritik wurde Kellers Novelle weitestgehend positiv aufgenommen. Nachdem Gottfried Keller 15 Jahre lang die Tätigkeit des Staatsschreibers ausgeübt hatte, legte er 1876 sein Amt nieder und widmete sich von nun an ausschließlich dem Schreiben. Unter anderem erschienen in dieser Zeit die *Züricher Novellen* (1877), *Das Sinngedicht* (1881) und *Martin Salander* (1886). Gottfried Keller starb am 15. Juni 1890 in Zürich.

Literatur

Kühlmann, Wilhelm (Hrsg.): Killy Literaturlexikon.
Autoren und Werke des deutschsprachigen Kulturraumes. Band 6.
Berlin: De Gruyter 2009, S. 344–348.

Kittstein, Ulrich (Hrsg.): Gottfried Keller.
Stuttgart: Reclam 2008, S. 7–22.

Gottfried Keller

Kleider machen Leute

An einem unfreundlichen Novembertage wanderte ein armes Schneiderlein auf der Landstraße nach Goldach, einer kleinen, reichen Stadt, die nur wenige Stunden von Seldwyla entfernt ist. Der Schneider trug in seiner Tasche nichts als einen Fingerhut, welchen er, in Ermangelung irgendeiner Münze, unablässig zwischen den Fingern drehte, wenn er der Kälte wegen die Hände in die Hosen steckte, und die Finger schmerzten ihm ordentlich von diesem Drehen und Reiben. Denn er hatte wegen des Fallimentes irgendeines Seldwyler Schneidermeisters seinen Arbeitslohn mit der Arbeit zugleich verlieren und auswandern müssen. Er hatte noch nichts gefrühstückt als einige Schneeflocken, die ihm in den Mund geflogen, und er sah noch weniger ab, wo das geringste Mittagbrot herwachsen sollte. Das Fechten fiel ihm äußerst schwer, ja schien ihm gänzlich unmöglich, weil er über seinem schwarzen Sonntagskleide, welches sein einziges war, einen weiten dunkelgrauen Radmantel trug, mit schwarzem Sammet ausgeschlagen, der seinem Träger ein edles und romantisches Aussehen verlieh, zumal dessen lange schwarze Haare und Schnurrbärtchen sorgfältig gepflegt waren und er sich blasser, aber regelmäßiger Gesichtszüge erfreute.

Solcher Habitus war ihm zum Bedürfnis geworden, ohne dass er etwas Schlimmes oder Betrügerisches dabei im Schilde führte; vielmehr war er zufrieden, wenn man ihn nur gewähren und im Stillen seine Arbeit verrichten ließ; aber lieber wäre er verhungert, als dass er sich von seinem Radmantel und von seiner polnischen Pelzmütze getrennt hätte, die er ebenfalls mit großem Anstand zu tragen wusste.

Er konnte deshalb nur in größeren Städten arbeiten, wo solches nicht zu sehr auffiel; wenn er wanderte und keine Ersparnisse mitführte, geriet er in die größte Not. Näherte er sich einem Hause, so betrachteten ihn die Leute mit Verwunderung und Neugierde und erwarteten eher alles

Falliment: Bankrott, Ruin

herwachsen: *hier* herkommen

fechten: altertümlich für betteln

Habitus: Gesamterscheinung einer Person (Aussehen, Auftreten, Verhalten) andere, als dass er betteln würde; so erstarben ihm, da er überdies nicht beredt war, die Worte im Munde, also dass er der Märtyrer seines Mantels war und Hunger litt, so schwarz wie des Letzteren Sammetfutter.

Märtyrer: jemand, der sich für seine Überzeugung opfert

Als er bekümmert und geschwächt eine Anhöhe hinaufging, stieß er auf einen neuen und bequemen Reisewagen, welchen ein herrschaftlicher Kutscher in Basel abgeholt hatte und seinem Herrn überbrachte, einem fremden Grafen, der irgendwo in der Ostschweiz auf einem gemieteten oder angekauften alten Schlosse saß. Der Wagen war mit allerlei Vorrichtungen zur Aufnahme des Gepäckes versehen und schien deswegen schwer bepackt zu sein, obgleich alles leer war. Der Kutscher ging wegen des steilen Weges neben den Pferden, und als er, oben angekommen, den Bock wieder bestieg, fragte er den Schneider, ob er sich nicht in den leeren Wagen setzen wolle. Denn es fing eben an zu regnen, und er hatte mit einem Blicke gesehen, dass der Fußgänger sich matt und kümmerlich durch die Welt schlug.

Derselbe nahm das Anerbieten dankbar und bescheiden an, worauf der Wagen rasch mit ihm von dannen rollte und in einer kleinen Stunde stattlich und donnernd durch den Torbogen von Goldach fuhr. Vor dem ersten Gasthofe, ›Zur Waage‹ genannt, hielt das vornehme Fuhrwerk plötzlich, und alsogleich zog der Hausknecht so heftig an der Glocke, dass der Draht beinahe entzweiging. Da stürzten Wirt und Leute herunter und rissen den Schlag auf; Kinder und Nachbarn umringten schon den prächtigen Wagen, neugierig, welch ein Kern sich aus so unerhörter Schale enthüllen werde; und als der verdutzte Schneider endlich hervorsprang in seinem Mantel, blass und schön und schwermütig zur Erde blickend, schien er ihnen wenigstens ein geheimnisvoller Prinz oder Grafensohn zu sein. Der Raum zwischen dem Reisewagen und der Pforte des Gasthauses war schmal und im Übrigen der Weg durch die Zuschauer ziemlich gesperrt. Mochte es nun der Mangel

Anerbieten: Vorschlag

Schlag: Tür einer Kutsche

an Geistesgegenwart oder an Mut sein, den Haufen zu durchbrechen und einfach seines Weges zu gehen – er tat dieses nicht, sondern ließ sich willenlos in das Haus und die Treppe hinangeleiten und bemerkte seine neue seltsame Lage erst recht, als er sich in einen wohnlichen Speisesaal versetzt sah und ihm sein ehrwürdiger Mantel dienstfertig abgenommen wurde.

»Der Herr wünscht zu speisen?«, hieß es. »Gleich wird serviert werden, es ist eben gekocht!«

Ohne eine Antwort abzuwarten, lief der Waagwirt in die Küche und rief: »In's drei Teufels Namen! Nun haben wir nichts als Rindfleisch und die Hammelkeule! Die Rebhuhnpastete darf ich nicht anschneiden, da sie für die Abendherren bestimmt und versprochen ist. So geht es! Den einzigen Tag, wo wir keinen Gast erwarten und nichts da ist, muss ein solcher Herr kommen! Und der Kutscher hat ein Wappen auf den Knöpfen, und der Wagen ist wie der eines Herzogs! Und der junge Mann mag kaum den Mund öffnen vor Vornehmheit!«

Doch die ruhige Köchin sagte: »Nun, was ist denn da zu lamentieren, Herr? Die Pastete tragen Sie nur kühn auf, die wird er doch nicht aufessen! Die Abendherren bekommen sie dann portionenweise; sechs Portionen wollen wir schon noch herauskriegen!«

»Sechs Portionen? Ihr vergesst wohl, dass die Herren sich satt zu essen gewohnt sind!«, meinte der Wirt, allein die Köchin fuhr unerschüttert fort: »Das sollen sie auch! Man lässt noch schnell ein halbes Dutzend Koteletts holen, die brauchen wir sowieso für den Fremden, und was er übriglässt, schneide ich in kleine Stückchen und menge sie unter die Pastete, da lassen Sie nur mich machen!«

Doch der wackere Wirt sagte ernsthaft: »Köchin, ich habe Euch schon einmal gesagt, dass dergleichen in dieser Stadt und in diesem Hause nicht angeht! Wir leben hier solid und ehrenfest und vermögen es!«

Waagwirt: Wirt im Gasthaus »Waage«

Abendherren: Stammtischgäste

lamentieren: klagen, jammern

solid: anständig

Ei der Tausend: Zum Teufel!

Schnepfen: eine Vogelart

»Ei der Tausend, ja, ja!«, rief die Köchin endlich etwas aufgeregt. »Wenn man sich denn nicht zu helfen weiß, so opfere man die Sache! Hier sind zwei Schnepfen, die ich den Augenblick vom Jäger gekauft habe, die kann man am Ende der Pastete zusetzen! Eine mit Schnepfen gefälschte Rebhuhnpastete werden die Leckermäuler nicht beanstanden! Sodann sind auch die Forellen da, die größte habe ich in das siedende Wasser geworfen, wie der merkwürdige Wagen kam, und da kocht auch schon die Brühe im Pfännchen; so haben wir also einen Fisch, das Rindfleisch, das Gemüse mit den Koteletts, den Hammelbraten und die Pastete; geben Sie nur den Schlüssel, dass man das Eingemachte und das Dessert herausnehmen kann! Und den Schlüssel könnten Sie, Herr, mir mit Ehren und Zutrauen übergeben, damit man Ihnen nicht allerorten nachspringen muss und oft in die größte Verlegenheit gerät!«

»Liebe Köchin, das braucht Ihr nicht übelzunehmen! Ich habe meiner seligen Frau am Todbette versprechen müssen, die Schlüssel immer in Händen zu behalten; sonach geschieht es grundsätzlich und nicht aus Misstrauen. Hier sind die Gurken und hier die Kirschen, hier die Birnen und hier die Aprikosen; aber das alte Konfekt darf man nicht mehr aufstellen; geschwind soll die Liese zum Zuckerbeck laufen und frisches Backwerk holen, drei Teller, und wenn er eine gute Torte hat, soll er sie auch gleich mitgeben!«

Zuckerbeck: Konditor in Goldach

»Aber Herr! Sie können ja dem einzigen Gaste das nicht alles aufrechnen, das schlägt's beim besten Willen nicht heraus!«

»Tut nichts, es ist um die Ehre! Das bringt mich nicht um; dafür soll ein großer Herr, wenn er durch unsere Stadt reist, sagen können, er habe ein ordentliches Essen gefunden, obgleich er ganz unerwartet und im Winter gekommen sei! Es soll nicht heißen wie von den Wirten zu Seldwyl, die alles Gute selber fressen und den Fremden die Knochen vorsetzen! Also frisch, munter, sputet Euch allerseits!«

Während dieser umständlichen Zubereitungen befand sich der Schneider in der peinlichsten Angst, da der Tisch mit glänzendem Zeuge gedeckt wurde, und so heiß sich der ausgehungerte Mann vor Kurzem noch nach einiger Nahrung gesehnt hatte, so ängstlich wünschte er jetzt, der drohenden Mahlzeit zu entfliehen. Endlich fasste er sich einen Mut, nahm seinen Mantel um, setzte die Mütze auf und begab sich hinaus, um den Ausweg zu gewinnen. Da er aber in seiner Verwirrung und in dem weitläufigen Hause die Treppe nicht gleich fand, so glaubte der Kellner, den der Teufel beständig umhertrieb, jener suche eine gewisse Bequemlichkeit, rief: »Erlauben Sie gefälligst, mein Herr, ich werde Ihnen den Weg weisen!« und führte ihn durch einen langen Gang, der nirgend anders endigte als vor einer schön lackierten Türe, auf welcher eine zierliche Inschrift angebracht war.

Zeug: Besteck

vom Teufel umgetrieben sein: ungeduldig sein

Also ging der Mantelträger ohne Widerspruch, sanft wie ein Lämmlein, dort hinein und schloss ordentlich hinter sich zu. Dort lehnte er sich bitterlich seufzend an die Wand und wünschte der goldenen Freiheit der Landstraße wieder teilhaftig zu sein, welche ihm jetzt, so schlecht das Wetter war, als das höchste Glück erschien.

teilhaftig sein: Anteil haben

Doch verwickelte er sich jetzt in die erste selbsttätige Lüge, weil er in dem verschlossenen Raume ein wenig verweilte, und er betrat hiermit den abschüssigen Weg des Bösen.

Unterdessen schrie der Wirt, der ihn gesehen hatte im Mantel dahin gehen: »Der Herr friert! Heizet mehr ein im Saal! Wo ist die Liese, wo ist die Anne? Rasch einen Korb Holz in den Ofen und einige Hände voll Späne, dass es brennt! Zum Teufel, sollen die Leute in der ›Waage‹ im Mantel zu Tisch sitzen?«

Und als der Schneider wieder aus dem langen Gange hervorgewandelt kam, melancholisch wie der umgehende Ahnherr eines Stammschlosses, begleitete er ihn mit hundert Komplimenten und Handreibungen wiederum in den verwünschten Saal hinein. Dort wurde er ohne ferneres

umgehender Ahnherr: Geist

Verweilen an den Tisch gebeten, der Stuhl zurechtgerückt, und da der Duft der kräftigen Suppe, dergleichen er lange nicht gerochen, ihn vollends seines Willens beraubte, so ließ er sich in Gottes Namen nieder und tauchte sofort den schweren Löffel in die braungoldene Brühe. In tiefem Schweigen erfrischte er seine matten Lebensgeister und wurde mit achtungsvoller Stille und Ruhe bedient.
Als er den Teller geleert hatte und der Wirt sah, dass es ihm so wohl schmeckte, munterte er ihn höflich auf, noch einen Löffel voll zu nehmen, das sei gut bei dem rauen Wetter. Nun wurde die Forelle aufgetragen, mit Grünem bekränzt, und der Wirt legte ein schönes Stück vor. Doch der Schneider, von Sorgen gequält, wagte in seiner Blödigkeit nicht, das blanke Messer zu brauchen, sondern hantierte schüchtern und zimperlich mit der silbernen Gabel daran herum. Das bemerkte die Köchin, welche zur Türe hereinguckte, den großen Herrn zu sehen, und sie sagte zu den Umstehenden: »Gelobt sei Jesus Christ! Der weiß noch einen feinen Fisch zu essen, wie es sich gehört, der sägt nicht mit dem Messer in dem zarten Wesen herum, wie wenn er ein Kalb schlachten wollte. Das ist ein Herr von großem Hause, darauf wollt' ich schwören, wenn es nicht verboten wäre! Und wie schön und traurig er ist! Gewiss ist er in ein armes Fräulein verliebt, das man ihm nicht lassen will! Ja, ja, die vornehmen Leute haben auch ihre Leiden!«
Inzwischen sah der Wirt, dass der Gast nicht trank, und sagte ehrerbietig: »Der Herr mögen den Tischwein nicht; befehlen Sie vielleicht ein Glas guten Bordeaux, den ich bestens empfehlen kann?«

Bordeaux: Rotwein aus Bordeaux

Da beging der Schneider den zweiten selbsttätigen Fehler, indem er aus Gehorsam ja statt nein sagte, und alsobald verfügte sich der Waagwirt persönlich in den Keller, um eine ausgesuchte Flasche zu holen; denn es lag ihm alles daran, dass man sagen könne, es sei etwas Rechtes im Ort zu haben. Als der Gast von dem eingeschenkten Weine wiederum aus bösem Gewissen ganz kleine Schlücklein nahm, lief der Wirt voll Freuden in die Küche, schnalzte mit der Zunge und rief: »Hol mich der Teufel, der versteht's, der schlürft meinen guten Wein auf die Zunge, wie man einen Dukaten auf die Goldwaage legt!«

Dukaten: Goldmünze

5 »Gelobt sei Jesus Christ!« sagte die Köchin. »Ich hab's ja behauptet, dass er's versteht!«

So nahm die Mahlzeit denn ihren Verlauf, und zwar sehr langsam, weil der arme Schneider immer zimperlich und unentschlossen aß und trank und der Wirt, um ihm Zeit zu 10 lassen, die Speisen genugsam stehenließ. Trotzdem war es nicht der Rede wert, was der Gast bis jetzt zu sich genommen; vielmehr begann der Hunger, der immerfort so gefährlich gereizt wurde, nun den Schrecken zu überwinden, und als die Pastete von Rebhühnern erschien, schlug die 15 Stimmung des Schneiders gleichzeitig um, und ein fester Gedanke begann sich in ihm zu bilden. »Es ist jetzt einmal, wie es ist!«, sagte er sich, von einem neuen Tröpflein Weines erwärmt und aufgestachelt. »Nun wäre ich ein Tor, wenn ich die kommende Schande und Verfolgung ertragen 20 wollte, ohne mich dafür sattgegessen zu haben! Also vorgesehen, weil es noch Zeit ist! Das Türmchen, das sie da aufgestellt haben, dürfte leichthin die letzte Speise sein; daran will ich mich halten, komme, was da wolle! Was ich einmal im Leibe habe, kann mir kein König wieder rauben!«

genugsam: ausreichend

Tor: Narr

25 Gesagt, getan; mit dem Mute der Verzweiflung hieb er in die leckere Pastete, ohne an ein Aufhören zu denken, sodass sie in weniger als fünf Minuten zur Hälfte geschwunden war und die Sache für die Abendherren sehr bedenklich zu werden begann. Fleisch, Trüffeln, Klößchen, Boden, 30 Deckel, alles schlang er ohne Ansehen der Person hinunter, nur besorgt, sein Ränzchen vollzupacken, ehe das Verhängnis hereinbräche; dazu trank er den Wein in tüchtigen Zügen und steckte große Brotbissen in den Mund; kurz, es war eine so hastig belebte Einfuhr, wie wenn bei aufstei- 35 gendem Gewitter das Heu von der nahen Wiese gleich auf der Gabel in die Scheune geflüchtet wird. Abermals lief der

sein Ränzchen vollpacken: den Magen vollschlagen, viel essen

Wirt in die Küche und rief: »Köchin! Er isst die Pastete auf, während er den Braten kaum berührt hat! Und den Bordeaux trinkt er in halben Gläsern!«
»Wohl bekomm es ihm«, sagte die Köchin, »lassen Sie ihn nur machen, der weiß, was Rebhühner sind! Wär er ein gemeiner Kerl, so hätte er sich an den Braten gehalten!« 5
»Ich sag's auch«, meinte der Wirt; »es sieht sich zwar nicht ganz elegant an, aber so hab ich, als ich zu meiner Ausbildung reiste, nur Generäle und Kapitelsherren essen sehen!« 10

Kapitelsherr: hohe geistliche Amtsperson einer Kirche

Unterdessen hatte der Kutscher die Pferde füttern lassen und selbst ein handfestes Essen eingenommen in der Stube für das untere Volk, und da er Eile hatte, ließ er bald wieder anspannen. Die Angehörigen des Gasthofes ›Zur Waage‹ konnten sich nun nicht länger enthalten und fragten, eh es zu spät wurde, den herrschaftlichen Kutscher geradezu, wer sein Herr da oben sei und wie er heiße. Der Kutscher, ein schalkhafter und durchtriebener Kerl, versetzte: »Hat er es noch nicht selbst gesagt?« 15

handfest: *hier* heftig, nahrhaft

»Nein« hieß es, und er erwiderte: »Das glaub' ich wohl, der spricht nicht viel in einem Tage; nun, es ist der Graf Strapinski! Er wird aber heut und vielleicht einige Tage hierbleiben, denn er hat mir befohlen, mit dem Wagen vorauszufahren.« 20
Er machte diesen schlechten Spaß, um sich an dem Schneiderlein zu rächen, das, wie er glaubte, statt ihm für seine Gefälligkeit ein Wort des Dankes und des Abschiedes zu sagen, sich ohne Umsehen in das Haus begeben hatte und den Herrn spielte. Seine Eulenspiegelei aufs Äußerste treibend, bestieg er auch den Wagen, ohne nach der Zeche für sich und die Pferde zu fragen, schwang die Peitsche und fuhr aus der Stadt, und alles ward so in der Ordnung befunden und dem guten Schneider aufs Kerbholz gebracht. 25 30

Eulenspiegelei: Streich

Zeche: *hier* Kosten

aufs Kerbholz bringen: auf die Rechnung setzen

Nun musste es sich aber fügen, dass dieser, ein geborener Schlesier, wirklich Strapinski hieß, Wenzel Strapinski; mochte es nun ein Zufall sein oder mochte der Schneider 35 sein Wanderbuch im Wagen hervorgezogen, es dort vergessen und der Kutscher es zu sich genommen haben. Genug, als der Wirt freudestrahlend und händereibend vor ihn hintrat und fragte, ob der Herr Graf Strapinski zum Nachtisch ein Glas alten Tokaier oder ein Glas Champagner nehme, und ihm meldete, dass die Zimmer soeben zubereitet würden, da erblasste der arme Strapinski, verwirrte sich von Neuem und erwiderte gar nichts.

»Höchst interessant!«, brummte der Wirt für sich, indem er abermals in den Keller eilte und aus besonderem Verschlage nicht nur ein Fläschchen Tokaier, sondern auch ein Krügelchen Bocksbeutel holte und eine Champagnerflasche schlechthin unter den Arm nahm. Bald sah Strapinski einen kleinen Wald von Gläsern vor sich, aus welchem der Champagnerkelch wie eine Pappel emporragte. Das glänzte, klingelte und duftete gar seltsam vor ihm, und was noch seltsamer war, der arme, aber zierliche Mann griff nicht ungeschickt in das Wäldchen hinein und goss, als er sah, dass der Wirt etwas Rotwein in seinen Champagner tat, einige Tropfen Tokaier in den seinigen. Inzwischen waren der Stadtschreiber und der Notar gekommen, um den Kaffee zu trinken und das tägliche Spielchen um denselben zu machen; bald kam auch der ältere Sohn des Hauses Häberlin und Cie., der jüngere des Hauses Pütschli-Nievergelt, der Buchhalter einer großen Spinnerei, Herr Melcher Böhni; allein statt ihre Partie zu spielen, gingen sämtliche Herren in weitem Bogen hinter dem polnischen Grafen herum, die Hände in den hintern Rocktaschen, mit den Augen blinzelnd und auf den Stockzähnen lächelnd. Denn es waren diejenigen Mitglieder guter Häuser, welche ihr Leben lang zu Hause blieben, deren Verwandte und Genossen aber in aller Welt saßen, weswegen sie selbst die Welt sattsam zu kennen glaubten.

Also das sollte ein polnischer Graf sein? Den Wagen hatten sie freilich von ihrem Kontorstuhl aus gesehen; auch wusste man nicht, ob der Wirt den Grafen oder dieser jenen be-

Tokaier: Dessertwein

Bocksbeutel: für Frankenwein typische Flaschenform

Stadtschreiber: städtischer Beamter

Notar: Jurist, der Rechtsgeschäfte beurkundet

auf den Stockzähnen lächeln: heimlich lächeln

sattsam: ausreichend

Kontorstuhl: Bürostuhl

wirte; doch hatte der Wirt bis jetzt noch keine dummen Streiche gemacht; er war vielmehr als ein ziemlich schlauer Kopf bekannt, und so wurden denn die Kreise, welche die neugierigen Herren um den Fremden zogen, immer kleiner, bis sie sich zuletzt vertraulich an den gleichen Tisch setzten und sich auf gewandte Weise zu dem Gelage aus dem Stegreif einluden, indem sie ohne Weiteres um eine Flasche zu würfeln begannen.

Doch tranken sie nicht zu viel, da es noch früh war; dagegen galt es, einen Schluck trefflichen Kaffee zu nehmen und dem Polacken, wie sie den Schneider bereits heimlich nannten, mit gutem Rauchzeug aufzuwerten, damit er immer mehr röche, wo er eigentlich wäre.

»Darf ich dem Herrn Grafen eine ordentliche Zigarre anbieten? Ich habe sie von meinem Bruder auf Kuba direkt bekommen!«, sagte der eine.

»Die Herren Polen lieben auch eine gute Zigarette, hier ist echter Tabak aus Smyrna, mein Kompagnon hat ihn gesendet«, rief der andere, indem er ein rotseidenes Beutelchen hinschob.

»Dieser aus Damaskus ist feiner, Herr Graf«, rief der dritte, »unser dortiger Prokurist selbst hat ihn für mich besorgt!«

Der vierte streckte einen ungefügen Zigarrenbengel dar, indem er schrie: »Wenn Sie etwas ganz Ausgezeichnetes wollen, so versuchen Sie diese Pflanzerzigarre aus Virginien, selbstgezogen, selbstgemacht und durchaus nicht käuflich!«

Strapinski lächelte sauersüß, sagte nichts und war bald in feine Duftwolken gehüllt, welche von der hervorbrechenden Sonne lieblich versilbert wurden. Der Himmel entwölkte sich in weniger als einer Viertelstunde, der schönste Herbstnachmittag trat ein; es hieß, der Genuss der günstigen Stunde sei sich zu gönnen, da das Jahr vielleicht nicht viele solcher Tage mehr brächte; und es wurde beschlossen, auszufahren, den fröhlichen Amtsrat auf seinem Gute zu besuchen, der erst vor wenigen Tagen gekeltert

aus dem Stegreif: spontan

Polack: diskriminierende Bezeichnung für Pole

ungefüger Zigarrenbengel: große Zigarre

Pflanzerzigarre aus Virginien: Zigarre eines Tabakbauern aus Virginia (USA)

Amtsrat: Beamter des gehobenen Dienstes

hatte, und seinen neuen Wein, den roten Sauser, zu kosten. Pütschli-Nievergelt, Sohn, sandte nach seinem Jagdwagen, und bald schlugen seine jungen Eisenschimmel das Pflaster vor der ›Waage‹. Der Wirt selbst ließ ebenfalls anspannen, man lud den Grafen zuvorkommend ein, sich anzuschließen und die Gegend etwas kennenzulernen.

Eisenschimmel: weißgraues Pferd

Der Wein hatte seinen Witz erwärmt; er überdachte schnell, dass er bei dieser Gelegenheit am besten sich unbemerkt entfernen und seine Wanderung fortsetzen könne; den Schaden sollten die törichten und zudringlichen Herren an sich selbst behalten. Er nahm daher die Einladung mit einigen höflichen Worten an und bestieg mit dem jungen Pütschli den Jagdwagen.

Witz: *hier* frühere Bezeichnung für Verstand

Nun war es eine weitere Fügung, dass der Schneider, nachdem er auf seinem Dorfe schon als junger Bursch dem Gutsherrn zuweilen Dienste geleistet, seine Militärzeit bei den Husaren abgedient hatte und demnach genugsam mit Pferden umzugehen verstand. Wie daher sein Gefährte höflich fragte, ob er vielleicht fahren möge, ergriff er sofort Zügel und Peitsche und fuhr in schulgerechter Haltung, in raschem Trabe durch das Tor und auf der Landstraße dahin, sodass die Herren einander ansahen und flüsterten: »Es ist richtig, es ist jedenfalls ein Herr!«

Husar: Reiter in ungarischer Nationaltracht

In einer halben Stunde war das Gut des Amtsrates erreicht. Strapinski fuhr in einem prächtigen Halbbogen auf und ließ die feurigen Pferde aufs Beste anprallen; man sprang von den Wagen, der Amtsrat kam herbei und führte die Gesellschaft ins Haus, und alsbald war auch der Tisch mit einem halben Dutzend Karaffen voll karneolfarbigen Sausers besetzt. Das heiße, gärende Getränk wurde vorerst geprüft, belobt und sodann fröhlich in Angriff genommen, während der Hausherr im Hause die Kunde herumtrug, es sei ein vornehmer Graf da, ein Polacke, und eine feinere Bewirtung vorbereitete.

anprallen: zum Stillstand kommen

karneolfarbiger Sauser: blutroter Obstwein

Mittlerweile teilte sich die Gesellschaft in zwei Partien, um das versäumte Spiel nachzuholen, da in diesem Lande keine Männer zusammen sein konnten, ohne zu spielen, wahrscheinlich aus angebotenem Tätigkeitstriebe. Strapinski, welcher die Teilnahme aus verschiedenen Gründen ablehnen musste, wurde eingeladen zuzusehen, denn das schien ihnen immerhin der Mühe wert, da sie so viel Klugheit und Geistesgegenwart bei den Karten zu entwickeln pflegten. Er musste sich zwischen beide Parteien setzen, und sie legten es nun darauf an, geistreich und gewandt zu spielen und den Gast zu gleicher Zeit zu unterhalten. So saß er denn wie ein kränkelnder Fürst, vor welchem die Hofleute ein angenehmes Schauspiel aufführen und den Lauf der Welt darstellen. Sie erklärten ihm die bedeutendsten Wendungen, Handstreiche und Ereignisse, und wenn die eine Partei für einen Augenblick ihre Aufmerksamkeit ausschließlich dem Spiele zuwenden musste, so führte die andere dafür umso angelegentlicher die Unterhaltung mit dem Schneider. Der beste Gegenstand dünkte sie hierfür Pferde, Jagd und dergleichen; Strapinski wusste hier auch am besten Bescheid, denn er brauchte nur die Redensarten hervorzuholen, welche er einst in der Nähe von Offizieren und Gutsherren gehört und die ihm schon dazumal ausnehmend wohl gefallen hatten. Wenn er diese Redensarten auch nur sparsam, mit einer gewissen Bescheidenheit und stets mit einem schwermütigen Lächeln vorbrachte, so erreichte er damit nur eine größere Wirkung; wenn zwei oder drei von den Herren aufstanden und etwa zur Seite traten, so sagten sie: »Es ist ein vollkommener Junker!«

Nur Melcher Böhni, der Buchhalter, als ein geborener Zweifler, rieb sich vergnügt die Hände und sagte zu sich selbst: »Ich sehe es kommen, dass es wieder einen Goldacher Putsch gibt, ja, er ist gewissermaßen schon da! Es war aber auch Zeit, denn schon sind's zwei Jahre seit dem letzten! Der Mann dort hat mir so wunderlich zerstochene Finger, vielleicht von Praga oder Ostrolenka her! Nun, ich werde mich hüten, den Verlauf zu stören!«

gewandt: sicher und geschickt

Handstreich: Angriff, Überfall

dünken: scheinen

dazumal: damals

Junker: junger Edelmann

Praga: Stadtteil von Warschau

Ostrolenka: Stadt in Polen

Die beiden Partien waren nun zu Ende, auch das Sausergelüste der Herren gebüßt, und sie zogen nun vor, sich an den alten Weinen des Amtsrats ein wenig abzukühlen, die jetzt gebracht wurden; doch war die Abkühlung etwas leiden-
5 schaftlicher Natur, indem sofort, um nicht in schnöden Müßiggang zu verfallen, ein allgemeines Hasardspiel vorgeschlagen wurde. Man mischte die Karten, jeder warf einen Brabanter Taler hin, und als die Reihe an Strapinski war, konnte er nicht wohl seinen Fingerhut auf den Tisch
10 setzen. »Ich habe nicht ein solches Geldstück«, sagte er errötend; aber schon hatte Melcher Böhni, der ihn beobachtet, für ihn eingesetzt, ohne dass jemand darauf achtgab; denn alle waren viel zu behaglich, als dass sie auf den Argwohn geraten wären, jemand in der Welt könne kein Geld
15 haben. Im nächsten Augenblicke wurde dem Schneider, der gewonnen hatte, der ganze Einsatz zugeschoben; verwirrt ließ er das Geld liegen, und Böhni besorgte für ihn das zweite Spiel, welches ein anderer gewann, sowie das dritte. Doch das vierte und fünfte gewann wiederum der
20 Polacke, der allmählich aufwachte und sich in die Sache fand. Indem er sich still und ruhig verhielt, spielte er mit abwechselndem Glück; einmal kam er bis auf einen Taler herunter, den er setzen musste, gewann wieder, und zuletzt, als man das Spiel satt bekam, besaß er einige Louis-
25 dors, mehr, als er jemals in seinem Leben besessen, welche er, als er sah, dass jedermann sein Geld einsteckte, ebenfalls zu sich nahm, nicht ohne Furcht, dass alles ein Traum sei. Böhni, welcher ihn fortwährend scharf betrachtete, war jetzt fast im Klaren über ihn und dachte: Den Teufel
30 fährt der in einem vierspännigen Wagen!
Weil er aber zugleich bemerkte, dass der rätselhafte Fremde keine Gier nach dem Gelde gezeigt, sich überhaupt bescheiden und nüchtern verhalten hatte, so war er nicht übel gegen ihn gesinnt, sondern beschloss, die Sache
35 durchaus gehen zu lassen.

büßen: *hier* stillen, befriedigen

schnöder Müßiggang: erbärmliches Nichtstun

Hasardspiel: Glücksspiel

Brabanter Taler: schweizerische Bezeichnung für den Kronentaler

Louisdor: französische Goldmünze

gesinnt: eingestellt

Aber der Graf Strapinski, als man sich vor dem Abendessen im Freien erging, nahm jetzo seine Gedanken zusammen und hielt den rechten Zeitpunkt einer geräuschlosen Beurlaubung für gekommen. Er hatte ein artiges Reisegeld und nahm sich vor, dem Wirt ›Zur Waage‹ von der nächsten Stadt aus sein aufgedrungenes Mittagsmahl zu bezahlen. Also schlug er seinen Radmantel malerisch um, drückte die Pelzmütze tiefer in die Augen und schritt unter einer Reihe von hohen Akazien in der Abendsonne langsam auf und nieder, das schöne Gelände betrachtend oder vielmehr den Weg erspähend, den er einschlagen wollte. Er nahm sich mit seiner bewölkten Stirne, seinem lieblichen, aber schwermütigen Mundbärtchen, seinen glänzenden schwarzen Locken, seinen dunklen Augen, im Wehen seines faltigen Mantels vortrefflich aus; der Abendschein und das Säuseln der Bäume über ihm erhöhten den Eindruck, sodass die Gesellschaft ihn von ferne mit Aufmerksamkeit und Wohlwollen betrachtete. Allmählich ging er immer etwas weiter vom Hause hinweg, schritt durch ein Gebüsch, hinter welchem ein Feldweg vorüberging, und als er sich vor den Blicken der Gesellschaft gedeckt sah, wollte er eben mit festen Schritten ins Feld rücken, als um eine Ecke herum plötzlich der Amtsrat mit seiner Tochter Nettchen ihm entgegentrat. Nettchen war ein hübsches Fräulein, äußerst prächtig, etwas stutzerhaft gekleidet und mit Schmuck reichlich verziert.

artig: *hier* beträchtlich

stutzerhaft: eitel

»Wir suchen Sie, Herr Graf«, rief der Amtsrat, »damit ich Sie erstens hier meinem Kinde vorstelle und zweitens, um Sie zu bitten, dass Sie uns die Ehre erweisen möchten, einen Bissen Abendbrot mit uns zu nehmen; die anderen Herren sind bereits im Hause.«

Der Wanderer nahm schnell seine Mütze vom Kopfe und machte ehrfurchtsvolle, ja furchtsame Verbeugungen, von Rot übergossen. Denn eine neue Wendung war eingetreten; ein Fräulein beschritt den Schauplatz der Ereignisse. Doch schadete ihm seine Blödigkeit und übergroße Ehrer-

bietung nichts bei der Dame; im Gegenteil, die Schüchternheit, Demut und Ehrerbietung eines so vornehmen und interessanten jungen Edelmanns erschien ihr wahrhaft rührend, ja hinreißend. Da sieht man, fuhr es ihr durch
5 den Sinn, je nobler, desto bescheidener und unverdorbener; merkt es euch, ihr Herren Wildfänge von Goldach, die ihr vor jungen Mädchen kaum mehr den Hut berührt!
Sie grüßte den Ritter daher auf das Holdseligste, indem sie auch lieblich errötete, und sprach sogleich hastig und
10 schnell und vieles mit ihm, wie es die Art behaglicher Kleinstädterinnen ist, die sich den Fremden zeigen wollen. Strapinski hingegen wandelte sich in kurzer Zeit um; während er bisher nichts getan hatte, um im Geringsten in die Rolle einzugehen, die man ihm aufbürdete, begann er nun
15 unwillkürlich etwas gesuchter zu sprechen und mischte allerhand polnische Brocken in die Rede, kurz, das Schneiderblütchen fing in der Nähe des Frauenzimmers an seine Sprünge zu machen und seinen Reiter davonzutragen.
Am Tisch erhielt er den Ehrenplatz neben der Tochter des
20 Hauses; denn die Mutter war gestorben. Er wurde zwar bald wieder melancholisch, da er bedachte, nun müsse er mit den andern wieder in die Stadt zurückkehren oder gewaltsam in die Nacht hinaus entrinnen, und da er ferner überlegte, wie vergänglich das Glück sei, welches er jetzt
25 genoss. Aber dennoch empfand er dies Glück und sagte sich zum Voraus: Ach, einmal wirst du doch in deinem Leben etwas vorgestellt und neben einem solchen höheren Wesen gesessen haben.
Es war in der Tat keine Kleinigkeit, eine Hand neben sich
30 glänzen zu sehen, die von drei oder vier Armbändern klirrte, und bei einem flüchtigen Seitenblick jedes Mal einen abenteuerlich und reizend frisierten Kopf, ein holdes Erröten, einen vollen Augenaufschlag zu sehen. Denn er mochte tun oder lassen, was er wollte, alles wurde als unge-
35 wöhnlich und nobel ausgelegt und die Ungeschicklichkeit selbst als merkwürdige Unbefangenheit liebenswürdig be-

Demut: Ergebenheit

nobel: edel

Wildfang: *hier* lebhafter Mensch

holdselig: anmutig, liebreizend

Frauenzimmer: weibliche Person; auch teilweise abwertend gemeint

hold: zart, hübsch

funden von der jungen Dame, welche sonst stundenlang über gesellschaftliche Verstöße zu plaudern wusste. Da man guter Dinge war, sangen ein paar Gäste Lieder, die in den dreißiger Jahren Mode waren. Der Graf wurde gebeten, ein polnisches Lied zu singen. Der Wein überwand seine Schüchternheit endlich, obschon nicht seine Sorgen; er hatte einst einige Wochen im Polnischen gearbeitet und wusste einige polnische Worte, sogar ein Volksliedchen auswendig, ohne ihres Inhalts bewusst zu sein, gleich einem Papagei. Also sang er mit edlem Wesen, mehr zaghaft als laut und mit einer Stimme, welche wie von einem geheimen Kummer leise zitterte, auf Polnisch:

pferchen: hineinzwängen

Desna: Fluss in Russland und der Ukraine

Weichsel: Fluss in Polen

Wolhynien: Landschaft in der Ukraine

Hunderttausend Schweine pferchen
Von der Desna bis zur Weichsel,
Und Kathinka, dieses Saumensch,
Geht im Schmutz bis an die Knöchel!

Hunderttausend Ochsen brüllen
Auf Wolhyniens grünen Weiden,
Und Kathinka, ja Kathinka
Glaubt, ich sei in sie verliebt!

»Bravo! Bravo!«, riefen alle Herren, mit den Händen klatschend, und Nettchen sagte gerührt: »Ach, das Nationale ist immer so schön!« Glücklicherweise verlangte niemand die Übersetzung dieses Gesanges.

Mit dem Überschreiten solchen Höhepunktes der Unterhaltung brach die Gesellschaft auf; der Schneider wurde wieder eingepackt und sorgfältig nach Goldach zurückgebracht; vorher hatte er versprechen müssen, nicht ohne Abschied davonzureisen. Im Gasthof ›Zur Waage‹ wurde noch ein Glas Punsch genommen; jedoch Strapinski war erschöpft und verlangte nach dem Bette. Der Wirt selbst führte ihn auf seine Zimmer, deren Stattlichkeit er kaum mehr beachtete, obgleich er nur gewohnt war, in dürftigen

Herbergskammern zu schlafen. Er stand ohne alle und jede Habseligkeit mitten auf einem schönen Teppich, als der Wirt plötzlich den Mangel an Gepäck entdeckte und sich vor die Stirne schlug. Dann lief er schnell hinaus, schellte, 5 rief Kellner und Hausknechte herbei, wortwechselte mit ihnen, kam wieder und beteuerte: »Es ist richtig, Herr Graf, man hat vergessen, Ihr Gepäck abzuladen! Auch das Notwendigste fehlt!«

»Auch das kleine Paketchen, das im Wagen lag?«, fragte 10 Strapinski ängstlich, weil er an ein handgroßes Bündelein dachte, welches er auf dem Sitze hatte liegenlassen, und das ein Schnupftuch, eine Haarbürste, einen Kamm, ein Büchschen Pomade und einen Stängel Bartwichse enthielt.

»Auch dieses fehlt, es ist gar nichts da«, sagte der gute Wirt 15 erschrocken, weil er darunter etwas sehr Wichtiges vermutete. »Man muss dem Kutscher sogleich einen Expressen nachschicken«, rief er eifrig, »ich werde das besorgen!«

Doch der Herr Graf fiel ihm ebenso erschrocken in den Arm und sagte bewegt: »Lassen Sie, es darf nicht sein! Man 20 muss meine Spur verlieren für einige Zeit«, setzte er hinzu, selbst betreten über diese Erfindung.

Der Wirt ging erstaunt zu den Punsch trinkenden Gästen, erzählte ihnen den Fall und schloss mit dem Ausspruche, dass der Graf unzweifelhaft ein Opfer politischer oder der 25 Familienverfolgung sein müsse; denn um ebendiese Zeit wurden viele Polen und andere Flüchtlinge wegen gewaltsamer Unternehmungen des Landes verwiesen; andere wurden von fremden Agenten beobachtet und umgarnt.

Strapinski aber tat einen guten Schlaf, und als er spät er-30 wachte, sah er zunächst den prächtigen Sonntagsschlafrock des Waagwirtes über einen Stuhl gehängt, ferner ein Tischchen mit allem möglichen Toilettenwerkzeug bedeckt. Sodann harrten eine Anzahl Dienstboten, um Körbe und Koffer, angefüllt mit feiner Wäsche, mit Kleidern, mit 35 Zigarren, mit Büchern, mit Stiefeln, mit Schuhen, mit Sporen, mit Reitpeitschen, mit Pelzen, mit Mützen, mit Hüten,

Schnupftuch: Taschentuch

Pomade: Haarcreme

Bartwichse: Bartcreme

Sonntagsschlafrock: Hausmantel

Spore: Dorn/Rädchen am Reitstiefel

mit Socken, mit Strümpfen, mit Pfeifen, mit Flöten und Geigen abzugeben vonseiten der gestrigen Freunde mit der angelegentlichen Bitte, sich dieser Bequemlichkeiten einstweilen bedienen zu wollen. Da sie die Vormittagsstunden unabänderlich in ihren Geschäften verbrachten, ließen sie ihre Besuche auf die Zeit nach Tisch ansagen.

einstweilen: vorerst

Diese Leute waren nichts weniger als lächerlich oder einfältig, sondern umsichtige Geschäftsmänner, mehr schlau als vernagelt; allein da ihre wohlbesorgte Stadt klein war und es ihnen manchmal langweilig darin vorkam, waren sie stets begierig auf eine Abwechslung, ein Ereignis, einen Vorgang, dem sie sich ohne Rückhalt hingaben. Der vierspännige Wagen, das Aussteigen des Fremden, sein Mittagessen, die Aussage des Kutschers waren so einfache und natürliche Dinge, dass die Goldacher, welche keinem müßigen Argwohn nachzuhängen pflegten, ein Ereignis darauf aufbauten wie auf einen Felsen.

vierspänniger Wagen: Kutsche mit vier Pferden

Als Strapinski das Warenlager sah, das sich vor ihm ausbreitete, war seine erste Bewegung, dass er in seine Tasche griff, um zu erfahren, ob er träume oder wache. Wenn sein Fingerhut dort noch in seiner Einsamkeit weilte, so träumte er. Aber nein, der Fingerhut wohnte traulich zwischen dem gewonnenen Spielgelde und scheuerte sich freundschaftlich an den Talern; so ergab sich auch sein Gebieter wiederum in das Ding und stieg von seinen Zimmern herunter auf die Straße, um sich die Stadt zu besehen, in welcher es ihm so wohl erging. Unter der Küchentüre stand die Köchin, welche ihm einen tiefen Knicks machte und ihm mit neuem Wohlgefallen nachsah; auf dem Flur und an der Haustüre standen andere Hausgeister, alle mit der Mütze in der Hand, und Strapinski schritt mit gutem Anstand und doch bescheiden hinaus, seinen Mantel sittsam zusammennehmend. Das Schicksal machte ihn mit jeder Minute größer.

traulich: in Ruhe

Mit ganz anderer Miene besah er sich die Stadt, als wenn er um Arbeit darin ausgegangen wäre. Dieselbe bestand größtenteils aus schönen, festgebauten Häusern, welche alle mit steinernen oder gemalten Sinnbildern geziert und mit einem Namen versehen waren. In diesen Benennungen war die Sitte der Jahrhunderte deutlich zu erkennen. Das Mittelalter spiegelte sich ab in den ältesten Häusern oder in den Neubauten, welche an deren Stelle getreten, aber den alten Namen behalten aus der Zeit der kriegerischen Schultheiße und der Märchen. Da hieß es: zum Schwert, zum Eisenhut, zum Harnisch, zur Armbrust, zum blauen Schild, zum Schweizerdegen, zum Ritter, zum Büchsenstein, zum Türken, zum Meerwunder, zum goldnen Drachen, zur Linde, zum Pilgerstab, zur Wasserfrau, zum Paradiesvogel, zum Granatbaum, zum Kämbel, zum Einhorn und dergleichen. Die Zeit der Aufklärung und der Philanthropie war deutlich zu lesen in den moralischen Begriffen, welche in schönen Goldbuchstaben über den Haustüren erglänzten, wie: zur Eintracht, zur Redlichkeit, zur alten Unabhängigkeit, zur neuen Unabhängigkeit, zur Bürgertugend a, zur Bürgertugend b, zum Vertrauen, zur Liebe, zur Hoffnung, zum Wiedersehen 1 und 2, zum Frohsinn, zur innern Rechtlichkeit, zur äußern Rechtlichkeit, zum Landeswohl (ein reinliches Häuschen, in welchem hinter einem Kanarienkäficht, ganz mit Kresse behängt, eine freundliche alte Frau saß mit einer weißen Zipfelhaube und Garn haspelte), zur Verfassung (unten hauste ein Böttcher, welcher eifrig und mit großem Geräusch kleine Eimer und Fässchen mit Reifen einfasste und unablässig klopfte); ein Haus hieß schauerlich: zum Tod, ein verwaschenes Gerippe erstreckte sich von unten bis oben zwischen den Fenstern; hier wohnte der Friedensrichter. Im Hause ›Zur Geduld‹ wohnte der Schuldenschreiber, ein ausgehungertes Jammerbild, da in dieser Stadt keiner dem andern etwas schuldig blieb.

Endlich verkündete sich an den neuesten Häusern die Poesie der Fabrikanten, Bankiere und Spediteure und ihrer Nachahmer in den wohlklingenden Namen: Rosental, Mor-

Sinnbilder: Symbole, Zeichen

Schultheiß: Gemeindevorsteher

Harnisch: eiserne Rüstung

Philanthropie: Menschenliebe

Redlichkeit: Ehrlichkeit

haspeln: aufrollen

gental, Sonnenberg, Veilchenburg, Jugendgarten, Freudenberg, Henriettental, zur Camelia, Wilhelminenburg usw. Die an Frauennamen gehängten Täler und Burgen bedeuteten für den Kundigen immer ein schönes Weibergut.

schönes Weibergut: Mitgift, Vermögen, das einer Frau zur Hochzeit mitgegeben wird

An jeder Straßenecke stand ein alter Turm mit reichem 5 Uhrwerk, buntem Dach und zierlich vergoldeter Windfahne. Diese Türme waren sorgfältig erhalten; denn die Goldacher erfreuten sich der Vergangenheit und der Gegenwart und taten auch recht daran. Die ganze Herrlichkeit war aber von der alten Ringmauer eingefasst, welche, obwohl 10 nichts mehr nütze, dennoch zum Schmucke beibehalten wurde, da sie ganz mit dichtem altem Efeu überwachsen war und so die kleine Stadt mit einem immergrünen Kranze umschloss.

Alles dieses machte einen wunderbaren Eindruck auf Stra- 15 pinski; er glaubte, sich in einer andern Welt zu befinden. Denn als er die Aufschriften der Häuser las, dergleichen er noch nicht gesehen, war er der Meinung, sie bezogen sich auf die besonderen Geheimnisse und Lebensweisen jedes Hauses und es sähe hinter jeder Haustüre wirklich so aus, 20 wie die Überschrift angab, sodass er in eine Art moralisches Utopien hineingeraten wäre. So war er geneigt zu glauben, die wunderliche Aufnahme, welche er gefunden, hänge hiermit im Zusammenhang, sodass z.B. das Sinnbild der Waage, in welcher er wohnte, bedeute, dass dort 25 das ungleiche Schicksal abgewogen und ausgeglichen und zuweilen ein reisender Schneider zum Grafen gemacht würde.

Utopien: Traumland

Er geriet auf seiner Wanderung auch vor das Tor, und wie er nun so über das freie Feld hinblickte, meldete sich zum 30 letzten Male der pflichtgemäße Gedanke, seinen Weg unverweilt fortzusetzen. Die Sonne schien, die Straße war schön, fest, nicht zu trocken und auch nicht zu nass, zum Wandern wie gemacht. Reisegeld hatte er nun auch, sodass er angenehm einkehren konnte, wo er Lust dazu verspürte, 35 und kein Hindernis war zu erspähen.

unverweilt: ohne Pause

Da stand er nun, gleich dem Jüngling am Scheidewege, auf einer wirklichen Kreuzstraße; aus dem Lindenkranze, welcher die Stadt umgab, stiegen gastliche Rauchsäulen, die goldenen Turmknöpfe funkelten lockend aus den Baumwipfeln; Glück, Genuss und Verschuldung, ein geheimnisvolles Schicksal winkten dort, von der Feldseite her aber glänzte die freie Ferne; Arbeit, Entbehrung, Armut, Dunkelheit harrten dort, aber auch ein gutes Gewissen und ein ruhiger Wandel; dieses fühlend, wollte er denn auch entschlossen ins Feld abschwenken. Im gleichen Augenblicke rollte ein rasches Fuhrwerk heran; es war das Fräulein von gestern, welches mit wehendem blauem Schleier ganz allein in einem schmucken leichten Fuhrwerke saß, ein schönes Pferd regierte und nach der Stadt fuhr. Sobald Strapinski nur an seine Mütze griff und dieselbe demütig vor seine Brust nahm in seiner Überraschung, verbeugte sich das Mädchen rasch errötend gegen ihn, aber überaus freundlich, und fuhr in großer Bewegung, das Pferd zum Galopp antreibend, davon.

Turmknöpfe: Turmspitze

Strapinski aber machte unwillkürlich ganze Wendung und kehrte getrost nach der Stadt zurück. Noch an demselben Tage galoppierte er auf dem besten Pferde der Stadt, an der Spitze einer ganzen Reitergesellschaft, durch die Allee, welche um die grüne Ringmauer führte, und die fallenden Blätter der Linden tanzten wie ein goldener Regen um sein verklärtes Haupt.

verklärt: selig, glücklich

Nun war der Geist in ihn gefahren. Mit jedem Tage wandelte er sich, gleich einem Regenbogen, der zusehends bunter wird an der vorbrechenden Sonne. Er lernte in Stunden, in Augenblicken, was andere nicht in Jahren, da es in ihm gesteckt hatte wie das Farbenwesen im Regentropfen. Er beachtete wohl die Sitten seiner Gastfreunde und bildete sie während des Beobachtens zu einem Neuen und Fremdartigen um; besonders suchte er abzulauschen, was sie sich eigentlich unter ihm dächten und was für ein Bild sie sich von ihm gemacht. Dies Bild arbeitete er weiter aus nach seinem eigenen Geschmacke, zur vergnüglichen Unterhaltung der einen, welche gern etwas Neues sehen wollten, und zur Bewunderung der anderen, besonders der Frauen, welche nach erbaulicher Anregung dürsteten. So ward er rasch zum Helden eines artigen Romans, an welchem er gemeinsam mit der Stadt und liebevoll arbeitete, dessen Hauptbestandteil aber immer noch das Geheimnis war.

dürsten: *hier* etwas unbedingt haben wollen

Bei alldem erlebte Strapinski, was er in seiner Dunkelheit früher nie gekannt, eine schlaflose Nacht um die andere, und es ist mit Tadel hervorzuheben, dass es ebenso viel die Furcht vor der Schande, als armer Schneider entdeckt zu werden und dazustehen, als das ehrliche Gewissen war, was ihm den Schlaf raubte. Sein angeborenes Bedürfnis, etwas Zierliches und Außergewöhnliches vorzustellen, wenn auch nur in der Wahl der Kleider, hatte ihn in diesen Konflikt geführt und brachte jetzt auch jene Furcht hervor, und sein Gewissen war nur insoweit mächtig, dass er beständig den Vorsatz nährte, bei guter Gelegenheit einen Grund zur Abreise zu finden und dann durch Lotteriespiel und dergleichen die Mittel zu gewinnen, aus geheimnisvoller Ferne alles zu vergüten, um was er die gastfreundlichen Goldacher gebracht hatte. Er ließ sich auch schon aus allen Städten, wo es Lotterien oder Agenten derselben gab, Lose kommen mit mehr oder weniger bescheidenem Einsatze, und die daraus entstehende Korrespondenz, der Empfang der Briefe, wurde wiederum als ein Zeichen wichtiger Beziehungen und Verhältnisse vermerkt.

Schon hatte er mehr als einmal ein paar Gulden gewonnen und dieselben sofort wieder zum Erwerb neuer Lose verwendet, als er eines Tages von einem fremden Kollekteur, der sich aber Bankier nannte, eine namhafte Summe empfing, welche hinreichte, jenen Rettungsgedanken auszuführen. Er war bereits nicht mehr erstaunt über sein Glück, das sich von selbst zu verstehen schien, fühlte sich aber doch erleichtert und besonders dem guten Waagwirt gegenüber beruhigt, welchen er seines guten Essens wegen

Gulden: frühere Währung

Kollekteur: Lotterieeinnehmer

sehr wohl leiden mochte. Anstatt aber kurz abzubinden, seine Schulden gradaus zu bezahlen und abzureisen, gedachte er, wie er sich vorgenommen, eine kurze Geschäftsreise vorzugeben, dann aber von irgendeiner großen Stadt aus zu melden, dass das unerbittliche Schicksal ihm verbiete, je wiederzukehren; dabei wollte er seinen Verbindlichkeiten nachkommen, ein gutes Andenken hinterlassen und seinem Schneiderberufe sich aufs Neue und mit mehr Umsicht und Glück widmen oder auch sonst einen anständigen Lebensweg erspähen. Am liebsten wäre er freilich auch als Schneidermeister in Goldach geblieben und hätte jetzt die Mittel gehabt, sich da ein bescheidenes Auskommen zu begründen; allein es war klar, dass er hier nur als Graf leben konnte.

abzubinden: sich lösen

unerbittlich: durch nichts umzustimmen, unnachgiebig

Wegen des sichtlichen Vorzuges und Wohlgefallens, dessen er sich bei jeder Gelegenheit vonseiten des schönen Nettchens zu erfreuen hatte, waren schon manche Redensarten im Umlauf, und er hatte sogar bemerkt, dass das Fräulein hin und wieder die Gräfin genannt wurde. Wie konnte er diesem Wesen nun eine solche Entwicklung bereiten? Wie konnte er das Schicksal, das ihn gewaltsam so erhöht hatte, so frevelhaft Lügen strafen und sich selbst beschämen?

Er hatte von seinem Lotteriemann, genannt Bankier, einen Wechsel bekommen, welchen er bei einem Goldacher Haus einkassierte; diese Verrichtung bestärkte abermals die günstigen Meinungen über seine Person und Verhältnisse, da die soliden Handelsleute nicht im entferntesten an einen Lotterieverkehr dachten. An demselben Tage nun begab sich Strapinski auf einen stattlichen Ball, zu dem er geladen war. In tiefes, einfaches Schwarz gekleidet erschien er und verkündete sogleich den ihn Begrüßenden, dass er genötigt sei, zu verreisen.

In zehn Minuten war die Nachricht der ganzen Versammlung bekannt, und Nettchen, deren Anblick Strapinski suchte, schien, wie erstarrt, seinen Blicken auszuweichen,

bald rot, bald blass werdend. Dann tanzte sie mehrmals hintereinander mit jungen Herren, setzte sich zerstreut und schnell atmend und schlug eine Einladung des Polen, der endlich herangetreten war, mit einer kurzen Verbeugung aus, ohne ihn anzusehen. 5
Seltsam aufgeregt und bekümmert ging er hinweg, nahm seinen famosen Mantel um und schritt mit wehenden Locken in einem Gartenwege auf und nieder. Es wurde ihm nun klar, dass er eigentlich nur dieses Wesens halber so lange dageblieben sei, dass die unbestimmte Hoffnung, 10 doch wieder in ihre Nähe zu kommen, ihn unbewusst belebte, dass aber der ganze Handel eben eine Unmöglichkeit darstelle von der verzweifeltsten Art.

famos: großartig, fabelhaft

Wie er so dahinschritt, hörte er rasche Tritte hinter sich, leichte, doch unruhig bewegte. Nettchen ging an ihm vorü- 15 ber und schien, nach einigen ausgerufenen Worten zu urteilen, nach ihrem Wagen zu suchen, obgleich derselbe auf der andern Seite des Hauses stand und hier nur Winterkohlköpfe und eingewickelte Rosenbäumchen den Schlaf der Gerechten verträumten. Dann kam sie wieder zurück, 20 und da er jetzt mit klopfendem Herzen ihr im Wege stand und bittend die Hände nach ihr ausstreckte, fiel sie ihm ohne Weiteres um den Hals und fing jämmerlich an zu weinen. Er bedeckte ihre glühenden Wangen mit seinen fein duftenden dunklen Locken, und sein Mantel umschlug die 25 schlanke, stolze, schneeweiße Gestalt des Mädchens wie mit schwarzen Adlerflügeln; es war ein wahrhaft schönes Bild, das seine Berechtigung ganz allein in sich selbst zu tragen schien.
Strapinski aber verlor in diesem Abenteuer seinen Ver- 30 stand und gewann das Glück, das öfter den Unverständigen hold ist. Nettchen eröffnete ihrem Vater noch in selbiger Nacht beim Nachhausefahren, dass kein anderer als der Graf der Ihrige sein werde; dieser erschien am Morgen in aller Frühe, um bei dem Vater liebenswürdig schüchtern 35

und melancholisch, wie immer, um sie zu werben, und der Vater hielt folgende Rede:
»So hat sich denn das Schicksal und der Wille dieses törichten Mädchens erfüllt! Schon als Schulkind behauptete
5 sie fortwährend, nur einen Italiener oder einen Polen, einen großen Pianisten oder einen Räuberhauptmann mit schönen Locken heiraten zu wollen, und nun haben wir die Bescherung! Alle inländischen wohlmeinenden Anträge hat sie ausgeschlagen, noch neulich musste ich den ge-
10 scheiten und tüchtigen Melchior Böhni heimschicken, der noch große Geschäfte machen wird, und sie hat ihn noch schrecklich verhöhnt, weil er nur ein rötliches Backenbärtchen trägt und aus einem silbernen Döschen schnupft! Nun, Gott sei Dank, ist ein polnischer Graf da aus wildester
15 Ferne! Nehmen Sie die Gans, Herr Graf, und schicken Sie mir dieselbe wieder, wenn sie in Ihrer Polackei friert und einst unglücklich wird und heult! Nun, was würde die selige Mutter für ein Entzücken genießen, wenn sie noch erlebt hätte, dass das verzogene Kind eine Gräfin geworden
20 ist!«
Nun gab es große Bewegung; in wenig Tagen sollte rasch die Verlobung gefeiert werden; denn der Amtsrat behauptete, dass der künftige Schwiegersohn sich in seinen Geschäften und vorhabenden Reisen nicht durch Heiratssa-
25 chen dürfe aufhalten lassen, sondern diese durch die Beförderung jener beschleunigen müsse.
Strapinski brachte zur Verlobung Brautgeschenke, welche ihn die Hälfte seines zeitlichen Vermögens kosteten; die andere Hälfte verwandte er zu einem Feste, das er seiner
30 Braut geben wollte. Es war eben Fastnachtszeit und bei hellem Himmel ein verspätetes glänzendes Winterwetter. Die Landstraßen boten die prächtigste Schlittenbahn, wie sie nur selten entsteht und sich hält, und Herr von Strapinski veranstaltete darum eine Schlittenfahrt und einen
35 Ball in dem für solche Feste beliebten stattlichen Gasthause, welches auf einer Hochebene mit der schönsten Aus-

Polackei: abwertend für Polen

Fastnachtszeit: Karneval, Fasching

sicht gelegen war, etwa zwei gute Stunden entfernt und genau in der Mitte zwischen Goldach und Seldwyla.

Um diese Zeit geschah es, dass Herr Melchior Böhni in der letzteren Stadt Geschäfte zu besorgen hatte und daher einige Tage vor dem Winterfest in einem leichten Schlitten dahinfuhr, seine beste Zigarre rauchend; und es geschah ferner, dass die Seldwyler auf den gleichen Tag wie die Goldacher auch eine Schlittenfahrt verabredeten, nach dem gleichen Orte, und zwar eine kostümierte oder Maskenfahrt.

So fuhr denn der Goldacher Schlittenzug gegen die Mittagsstunde unter Schellenklang, Posthorntönen und Peitschenknall durch die Straßen der Stadt, dass die Sinnbilder der alten Häuser erstaunt herniedersahen, und zum Tore hinaus. Im ersten Schlitten saß Strapinski mit seiner Braut, in einem polnischen Überrock von grünem Sammet, mit Schnüren besetzt und schwer mit Pelz verbrämt und gefüttert. Nettchen war ganz in weißes Pelzwerk gehüllt; blaue Schleier schützten ihr Gesicht gegen die frische Luft und gegen den Schneeglanz. Der Amtsrat war durch irgendein plötzliches Ereignis verhindert worden mitzufahren; doch war es sein Gespann und sein Schlitten, in welchem sie fuhren, ein vergoldetes Frauenbild als Schlittenzierrat vor sich, die Fortuna vorstellend; denn die Stadtwohnung des Amtsrates hieß ›Zur Fortuna‹.

Ihnen folgten fünfzehn bis sechzehn Gefährte mit je einem Herrn und einer Dame, alle geputzt und lebensfroh, aber keines der Paare so schön und stattlich wie das Brautpaar. Die Schlitten trugen wie die Meerschiffe ihre Galions, immer das Sinnbild des Hauses, dem jeder angehörte, sodass das Volk rief: »Seht, da kommt die ›Tapferkeit‹! Wie schön ist die ›Tüchtigkeit‹! Die ›Verbesserlichkeit‹ scheint neu lackiert zu sein und die ›Sparsamkeit‹ frisch vergoldet! Ah, der ›Jakobsbrunnen‹ und der ›Teich Bethesda‹!« Im ›Teiche Bethesda‹, welcher als bescheidener Einspänner den Zug schloss, kutschierte Melchior Böhni still und vergnügt. Als

mit Pelz verbrämt: mit Pelz besetzt

Fortuna: röm. Glücksgöttin

Galion: kunstvolles Vorderteil eines Schiffes

Einspänner: *hier* Schlitten mit einem Pferd

Galion seines Fahrzeugs hatte er das Bild jenes jüdischen Männchens vor sich, welches an besagtem Teich dreißig Jahre auf sein Heil gewartet. So segelte denn das Geschwader im Sonnenscheine dahin und erschien bald auf der 5 weithin schimmernden Höhe, dem Ziele sich nahend. Da ertönte gleichzeitig von der entgegengesetzten Seite lustige Musik.

Geschwader: *hier* Verband von Kriegsschiffen

Aus einem duftig bereiften Walde heraus brach ein Wirrwarr von bunten Farben und Gestalten und entwickelte 10 sich zu einem Schlittenzug, welcher hoch am weißen Feldrande sich auf den blauen Himmel zeichnete und ebenfalls nach der Mitte der Gegend hinglitt, von abenteuerlichem Anblick. Es schienen meistens große bäuerliche Lastschlitten zu sein, je zwei zusammengebunden, um absonderli- 15 chen Gebilden und Schaustellungen zur Unterlage zu dienen. Auf dem vordersten Fuhrwerke ragte eine kolossale Figur empor, die Göttin Fortuna vorstellend, welche in den Äther hinauszufliegen schien. Es war eine riesenhafte Strohpuppe voll schimmernden Flittergoldes, deren Gaze- 20 gewänder in der Luft flatterten. Auf dem zweiten Gefährte aber fuhr ein ebenso riesenmäßiger Ziegenbock einher, schwarz und düster abstechend und mit gesenkten Hörnern der Fortuna nachjagend. Hierauf folgte ein seltsames Gerüste, welches sich als ein fünfzehn Schuh hohes Bügel- 25 eisen darstellte, dann eine gewaltig schnappende Schere, welche mittels einer Schnur auf- und zugeklappt wurde und das Himmelszelt für einen blauseidenen Westenstoff anzusehen schien. Andere solche landläufige Anspielungen auf das Schneiderwesen folgten noch, und zu Füßen 30 aller dieser Gebilde saß auf den geräumigen, je von vier Pferden gezogenen Schlitten die Seldwyler Gesellschaft in buntester Tracht, mit lautem Gelächter und Gesang.

Äther: *hier* Himmel

Flittergold: dünn gewalztes Messingblech

Gazegewand: Gewand aus durchsichtigem Stoff

Schuh: alte Maßeinheit, ca. 30 cm

landläufig: bekannt

Als beide Züge gleichzeitig auf dem Platze vor dem Gasthause auffuhren, gab es demnach einen geräuschvollen 35 Auftritt und ein großes Gedränge von Menschen und Pferden. Die Herrschaften von Goldach waren überrascht und erstaunt über die abenteuerliche Begegnung; die Seldwyler dagegen stellten sich vorerst gemütlich und freundschaftlich bescheiden. Ihr vorderster Schlitten mit der Fortuna trug die Inschrift: ›Leute machen Kleider‹, und so ergab es sich denn, dass die ganze Gesellschaft lauter Schneidersleute von allen Nationen und aus allen Zeitaltern darstellte. Es war gewissermaßen ein historisch-ethnographischer Schneiderfestzug, welcher mit der umgekehrten und ergänzenden Inschrift abschloss: ›Kleider machen Leute!‹ In dem letzten Schlitten mit dieser Überschrift saßen nämlich, als das Werk der vorausgefahrenen heidnischen und christlichen Nahtbeflissenen aller Art, ehrwürdige Kaiser und Könige, Ratsherren und Stabsoffiziere, Prälaten und Stiftsdamen in höchster Gravität.

historisch-ethnographisch: geschichtlich-völkerkundlich

Nahtbeflissener: Schneider

Prälat: hoher Geistlicher

Stiftsdamen in höchster Gravität: Adlige von steifer Würde

Diese Schneiderwelt wusste sich gewandt aus dem Wirrwarr zu ordnen und ließ die Goldacher Herren und Damen, das Brautpaar an deren Spitze, bescheiden ins Haus spazieren, um nachher die unteren Räume desselben, welche für sie bestellt waren, zu besetzen, während jene die breite Treppe empor nach dem großen Festsaale rauschten. Die Gesellschaft des Herrn Grafen fand dies Benehmen schicklich, und ihre Überraschung verwandelte sich in Heiterkeit und beifälliges Lächeln über die unverwüstliche Laune der Seldwyler; nur der Graf selbst hegte gar dunkle Empfindungen, die ihm nicht behagten, obgleich er in der jetzigen Voreingenommenheit seiner Seele keinen bestimmten Argwohn verspürte und nicht einmal bemerkt hatte, woher die Leute gekommen waren. Melchior Böhni, der seinen ›Teich Bethesda‹ sorglich beiseite gebracht hatte und sich aufmerksam in der Nähe Strapinskis befand, nannte laut, dass dieser es hören konnte, eine ganz andere Ortschaft als den Ursprungsort des Maskenzuges.

Bald saßen beide Gesellschaften, jegliche auf ihrem Stockwerke, an den gedeckten Tafeln und gaben sich fröhlichen Gesprächen und Scherzreden hin in Erwartung weiterer Freuden.

Die kündigten sich denn auch für die Goldacher an, als sie paarweise in den Tanzsaal hinüberschritten und dort die Musiker schon ihre Geigen stimmten. Wie nun aber alles im Kreise stand und sich zum Reigen ordnen wollte, erschien eine Gesandtschaft der Seldwyler, welche das freundnachbarliche Gesuch und Anerbieten vortrug, den Herren und Frauen von Goldach einen Besuch abstatten zu dürfen und ihnen zum Ergötzen einen Schautanz aufzuführen. Dieses Anerbieten konnte nicht wohl zurückgewiesen werden; auch versprach man sich von den lustigen Seldwylern einen tüchtigen Spaß und setzte sich daher nach der Anordnung der besagten Gesandtschaft in einem großen Halbring, in dessen Mitte Strapinski und Nettchen glänzten gleich fürstlichen Sternen.

Nun traten allmählich jene besagten Schneidergruppen nacheinander ein. Jede führte in zierlichem Gebärdenspiel den Satz ›Leute machen Kleider‹ und dessen Umkehrung durch, indem sie erst mit Emsigkeit irgendein stattliches Kleidungsstück, einen Fürstenmantel, Priestertalar und dergleichen anzufertigen schien und sodann eine dürftige Person damit bekleidete, welche, urplötzlich umgewandelt, sich in höchstem Ansehen aufrichtete und nach dem Takte der Musik feierlich einherging. Auch die Tierfabel wurde in diesem Sinne in Szene gesetzt, da eine gewaltige Krähe erschien, die sich mit Pfauenfedern schmückte und quakend umherhupfte, ein Wolf, der sich einen Schafspelz zurechtschneiderte, schließlich ein Esel, der eine furchtbare Löwenhaut von Werg trug und sich heroisch damit drapierte wie mit einem Karbonarimantel.

Alle, die so erschienen, traten nach vollbrachter Darstellung zurück und machten allmählich so den Halbkreis der Goldacher zu einem weiten Ring von Zuschauern, dessen innerer Raum endlich leer ward. In diesem Augenblicke ging die Musik in eine wehmütige ernste Weise über, und zugleich beschritt eine letzte Erscheinung den Kreis, dessen Augen sämtlich auf sie gerichtet waren. Es war ein

Reigen: Tanz

Gebärdenspiel: Vorführung, ohne zu sprechen

Priestertalar: langes Gewand eines Priesters

Werg: Hanf- oder Flachsabfall

Karbonarimantel: spezieller Mantel eines früheren italienischen Geheimbundes

schlanker junger Mann in dunklem Mantel, dunkeln schönen Haaren und mit einer polnischen Mütze; es war niemand anders als der Graf Strapinski, wie er an jenem Novembertage auf der Straße gewandert und den verhängnisvollen Wagen bestiegen hatte. 5
Die ganze Versammlung blickte lautlos gespannt auf die Gestalt, welche feierlich schwermütig einige Gänge nach dem Takte der Musik umhertrat, dann in die Mitte des Ringes sich begab, den Mantel auf den Boden breitete, sich schneidermäßig darauf niedersetzte und anfing, ein Bündel auszupacken. 10 Er zog einen beinahe fertigen Grafenrock hervor, ganz wie ihn Strapinski in diesem Augenblicke trug, nähte mit großer Hast und Geschicklichkeit Troddeln und Schnüre darauf und bügelte ihn schulgerecht aus, indem er das scheinbar heiße Bügeleisen mit nassen Fingern prüfte. 15
Dann richtete er sich langsam auf, zog seinen fadenscheinigen Rock aus und das Prachtkleid an, nahm ein Spiegelchen, kämmte sich und vollendete seinen Anzug, dass er endlich als das leibhaftige Ebenbild des Grafen dastand.
Unversehens ging die Musik in eine rasche mutige Weise 20 über, der Mann wickelte seine Siebensachen in den alten Mantel und warf das Pack weit über die Köpfe der Anwesenden hinweg in die Tiefe des Saales, als wollte er sich ewig von seiner Vergangenheit trennen. Hierauf beging er als stolzer Weltmann in stattlichen Tanzschritten den 25 Kreis, hie und da sich vor den Anwesenden huldreich verbeugend, bis er vor das Brautpaar gelangte. Plötzlich fasste er den Polen, ungeheuer überrascht, fest ins Auge, stand als eine Säule vor ihm still, während gleichzeitig wie auf Verabredung die Musik aufhörte und eine fürchterliche 30 Stille wie ein stummer Blitz einfiel.
»Ei, ei, ei, ei«, rief er mit weithin vernehmlichen Stimme und reckte den Arm gegen den Unglücklichen aus, »Sieh da den Bruder Schlesier, den Wasserpolacken! Der mir aus der Arbeit gelaufen ist, weil er wegen einer kleinen Geschäfts- 35 schwankung glaubte, es sei zu Ende mit mir. Nun, es freut

schulgerecht: den Regeln entsprechend

fadenscheinig: abgetragen, die Fäden sind sichtbar

Siebensachen: Gepäck

Wasserpolack: abwertender Name für polnische Schlesier

mich, dass es Ihnen so lustig geht und Sie hier so fröhliche Fastnacht halten! Stehen Sie in Arbeit zu Goldach?«
Zugleich gab er dem bleich und lächelnd dasitzenden Grafensohn die Hand, welche dieser willenlos ergriff wie eine
5 feurige Eisenstange, während der Doppelgänger rief: »Kommt, Freunde, seht hier unsern sanften Schneidergesellen, der wie ein Raphael aussieht und unsern Dienstmägden, auch der Pfarrerstochter so wohl gefiel, die freilich ein bisschen übergeschnappt ist!«

Raphael: einer der Erzengel

10 Nun kamen die Seldwyler Leute alle herbei und drängten sich um Strapinski und seinen ehemaligen Meister, indem sie Ersterm treuherzig die Hand schüttelten, dass er auf seinem Stuhle schwankte und zitterte. Gleichzeitig setzte die Musik wieder ein mit einem lebhaften Marsch; die
15 Seldwyler, sowie sie an dem Brautpaar vorüber waren, ordneten sich zum Abzuge und marschierten unter Absingung eines wohl einstudierten diabolischen Lachchors aus dem Saale, während die Goldacher, unter welchen Böhni die Erklärung des Mirakels blitzschnell zu verbreiten ge-
20 wusst hatte, durcheinanderliefen und sich mit den Seldwylern kreuzten, sodass es einen großen Tumult gab.

diabolisch: teuflisch

Mirakel: Wunder

Als dieser sich endlich legte, war auch der Saal beinahe leer; wenige Leute standen an den Wänden und flüsterten verlegen untereinander; ein paar junge Damen hielten sich
25 in einiger Entfernung von Nettchen, unschlüssig, ob sie sich derselben nähern sollten oder nicht.
Das Paar aber saß unbeweglich auf seinen Stühlen gleich einem steinernen ägyptischen Königspaar, ganz still und einsam; man glaubte, den unabsehbaren glühenden Wüs-
30 tensand zu fühlen.
Nettchen, weiß wie Marmor, wendete das Gesicht langsam nach ihrem Bräutigam und sah ihn seltsam von der Seite an.
Da stand er langsam auf und ging mit schweren Schritten
35 hinweg, die Augen auf den Boden gerichtet, während große Tränen aus denselben fielen.

Er ging durch die Goldacher und Seldwyler, welche die Treppen bedeckten, hindurch wie ein Toter, der sich gespenstisch von einem Jahrmarkt stiehlt, und sie ließen ihn seltsamerweise auch wie einen solchen passieren, indem sie ihm still auswichen, ohne zu lachen oder harte Worte nachzurufen. Er ging auch zwischen den zur Abfahrt gerüsteten Schlitten und Pferden von Goldach hindurch, indessen die Seldwyler sich in ihrem Quartiere erst noch recht belustigten, und er wandelte halb unbewusst, nur in der Meinung, nicht mehr nach Goldach zurückzukommen, dieselbe Straße gegen Seldwyla hin, auf welcher er vor einigen Monaten hergewandert war. Bald verschwand er in der Dunkelheit des Waldes, durch welchen sich die Straße zog. Er war barhäuptig; denn seine Polenmütze war im Fenstersimse des Tanzsaales liegengeblieben nebst den Handschuhen, und so schritt er denn, gesenkten Hauptes und die frierenden Hände unter die gekreuzten Arme bergend, vorwärts, während seine Gedanken sich allmählich sammelten und zu einigem Erkennen gelangten. Das erste deutliche Gefühl, dessen er innewurde, war dasjenige einer ungeheuren Schande, gleichwie, wenn er ein wirklicher Mann von Rang und Ansehen gewesen und nun infam geworden wäre durch Hereinbrechen irgendeines verhängnisvollen Unglückes. Dann löste sich dieses Gefühl aber auf in eine Art Bewusstsein erlittenen Unrechtes; er hatte sich bis zu seinem glorreichen Einzug in die verwünschte Stadt nie ein Vergehen zuschulden kommen lassen; soweit seine Gedanken in die Kindheit zurückreichten, war ihm nicht erinnerlich, dass er je wegen einer Lüge oder einer Täuschung gestraft oder gescholten worden wäre, und nun war er ein Betrüger geworden dadurch, dass die Torheit der Welt ihn in einem unbewachten und sozusagen wehrlosen Augenblicke überfallen und ihn zu ihrem Spielgesellen gemacht hatte. Er kam sich wie ein Kind vor, welches ein anderes boshaftes Kind überredet hat, von einem Altare den Kelch zu stehlen; er hasste und verachtete sich jetzt,

Quartier: Unterkunft

bergen: verbergen, verstecken

innewerden: begreifen

infam: böse, gemein

aber er weinte auch über sich und seine unglückliche Verirrung.

Wenn ein Fürst Land und Leute nimmt; wenn ein Priester die Lehre seiner Kirche ohne Überzeugung verkündet, aber
5 die Güter seiner Pfründe mit Würde verzehrt; wenn ein dünkelvoller Lehrer die Ehren und Vorteile eines hohen Lehramtes innehat und genießt, ohne von der Höhe seiner Wissenschaft den mindesten Begriff zu haben und derselben auch nur den kleinsten Vorschub zu leisten; wenn ein
10 Künstler ohne Tugend, mit leichtfertigem Tun und leerer Gaukelei sich in Mode bringt und Brot und Ruhm der wahren Arbeit vorwegstiehlt, oder wenn ein Schwindler, der einen großen Kaufmannsnamen geerbt oder erschlichen hat, durch seine Torheiten und Gewissenlosigkeiten Tausende
15 um ihre Ersparnisse und Notpfennige bringt, so weinen alle diese nicht über sich, sondern erfreuen sich ihres Wohlseins und bleiben nicht einen Abend ohne aufheiternde Gesellschaft und gute Freunde.

Unser Schneider aber weinte bitterlich über sich, das heißt,
20 er fing solches plötzlich an, als nun seine Gedanken an der schweren Kette, an der sie hingen, unversehens zu der verlassenen Braut zurückkehrten und sich aus Scham vor der Unsichtbaren zur Erde krümmten. Das Unglück und die Erniedrigung zeigten ihm mit einem hellen Strahle das ver-
25 lorene Glück und machten aus dem unklar verliebten Irrgänger einen verstoßenen Liebenden. Er streckte die Arme gegen die kalt glänzenden Sterne empor und taumelte mehr, als er ging, auf seiner Straße dahin, stand wieder still und schüttelte den Kopf, als plötzlich ein roter Schein den
30 Schnee um ihn her erreichte und zugleich Schellenklang und Gelächter ertönte. Es waren die Seldwyler, welche mit Fackeln nach Hause fuhren. Schon näherten sich ihm die ersten Pferde mit ihren Nasen; da raffte er sich auf, tat einen gewaltigen Sprung über den Straßenrand und duckte
35 sich unter die vordersten Stämme des Waldes. Der tolle Zug fuhr vorbei und verhallte endlich in der dunklen Ferne,

Verirrung: *hier* moralische Verfehlung

Pfründe: Einkommen durch ein Kirchenamt

sich in Mode bringen: bekannt machen

Notpfennig: Ersparnis

bitterlich: sehr heftig

ohne dass der Flüchtling bemerkt worden war; dieser aber, nachdem er eine gute Weile reglos gelauscht hatte, von der Kälte wie von den erst genossenen feurigen Getränken und seiner gramvollen Dummheit übermannt, streckte unvermerkt seine Glieder aus und schlief ein auf dem knisternden Schnee, während ein eiskalter Hauch von Osten heranzuwehen begann.

gramvoll übermannen: vor Kummer überwältigt sein

Inzwischen erhob auch Nettchen sich von ihrem einsamen Sitze. Sie hatte dem abziehenden Geliebten gewissermaßen aufmerksam nachgeschaut, saß länger als eine Stunde unbeweglich da und stand dann auf, indem sie bitterlich zu weinen begann und ratlos nach der Türe ging. Zwei Freundinnen gesellten sich nun zu ihr mit zweifelhaft tröstenden Worten; sie bat dieselben, ihr Mantel, Tücher, Hut und dergleichen zu verschaffen, in welche Dinge sie sich sodann stumm verhüllte, die Augen mit dem Schleier heftig trocknend. Da man aber, wenn man weint, fast immer zugleich auch die Nase schnäuzen muss, so sah sie sich doch genötigt, das Taschentuch zu nehmen, und tat einen tüchtigen Schnäuz, worauf sie stolz und zornig um sich blickte. In dieses Blicken hinein geriet Melchior Böhni, der sich ihr freundlich, demütig und lächelnd näherte und ihr die Notwendigkeit darstellte, nunmehr einen Führer und Begleiter nach dem väterlichen Hause zurück zu haben. Den ›Teich Bethesda‹, sagte er, werde er hier im Gasthause zurücklassen und dafür die ›Fortuna‹ mit der verehrten Unglücklichen sicher nach Goldach hingeleiten.

Ohne zu antworten, ging sie festen Schrittes voran nach dem Hofe, wo der Schlitten mit den ungeduldigen, wohlgefütterten Pferden bereitstand, einer der letzten, welche dort waren. Sie nahm rasch darin Platz, ergriff das Leitseil und die Peitsche, und während der achtlose Böhni, mit glücklicher Geschäftigkeit sich gebärdend, dem Stallknechte, der die Pferde gehalten, das Trinkgeld hervorsuchte, trieb sie unversehens die Pferde an und fuhr auf die Landstraße hinaus in starken Sätzen, welche sich bald in

Leitseil: Leine zum Führen

einen anhaltenden munteren Galopp verwandelten. Und zwar ging es nicht nach der Heimat, sondern auf der Seldwyler Straße hin. Erst als das leichtbeschwingte Fahrzeug schon dem Blick entschwunden war, entdeckte Herr Böhni das Ereignis und lief in der Richtung gegen Goldach mit Hoho! und Haltrufen, sprang dann zurück und jagte mit seinem eigenen Schlitten der entflohenen oder nach seiner Meinung durch die Pferde entführten Schönen nach, bis er am Tore der aufgeregten Stadt anlangte, in welcher das Ärgernis bereits alle Zungen beschäftigte.

Warum Nettchen jenen Weg eingeschlagen, ob in der Verwirrung oder mit Vorsatz, ist nicht sicher zu berichten. Zwei Umstände mögen hier ein leises Licht gewähren. Einmal lagen sonderbarerweise die Pelzmütze und die Handschuhe Strapinskis, welche auf dem Fenstersimse hinter dem Sitze des Paares gelegen hatten, nun im Schlitten der ›Fortuna‹ neben Nettchen; wann und wie sie diese Gegenstände ergriffen, hatte niemand beachtet, und sie selbst wusste es nicht; es war wie im Schlafwandel geschehen. Sie wusste jetzt noch nicht, dass Mütze und Handschuhe neben ihr lagen. Sodann sagte sie mehr als einmal laut vor sich hin: »Ich muss noch zwei Worte mit ihm sprechen, nur zwei Worte!«

Diese beiden Tatsachen scheinen zu beweisen, dass nicht ganz der Zufall die feurigen Pferde lenkte. Auch war es seltsam, als die ›Fortuna‹ in die Waldstraße gelangte, in welche jetzt der helle Vollmond hineinschien, wie Nettchen den Lauf der Pferde mäßigte und die Zügel fester anzog, sodass dieselben beinahe nur im Schritt einhertanzten, während die Lenkerin die traurigen, aber dennoch scharfen Augen gespannt auf den Weg heftete, ohne links und rechts den geringsten auffälligen Gegenstand außer Acht zu lassen.

Und doch war gleichzeitig ihre Seele wie in tiefer, schwerer, unglücklicher Vergessenheit befangen. Was sind Glück und Leben! Von was hängen sie ab? Was sind wir selbst, dass

leichtbeschwingt: *hier* flott

ein leises Licht gewähren: Aufschluss geben

mäßigen: bremsen

Augen […] heften: *hier* unverwandt auf etwas blicken

befangen: *hier* verwirrt

einernten: ernten, einsammeln

wir wegen einer lächerlichen Fastnachtslüge glücklich oder unglücklich werden? Was haben wir verschuldet, wenn wir durch eine fröhliche, gläubige Zuneigung Schmach und Hoffnungslosigkeit einernten? Wer sendet uns solche einfältige Truggestalten, die zerstörend in unser Schicksal eingreifen, während sie sich selbst daran auflösen wie schwache Seifenblasen?

Solche mehr geträumte als gedachte Fragen umfingen die Seele Nettchens, als ihre Augen sich plötzlich auf einen länglichen dunkeln Gegenstand richteten, welcher zur Seite der Straße sich vom mondbeglänzten Schnee abhob. Es war der langhingestreckte Wenzel, dessen dunkles Haar sich mit dem Schatten der Bäume vermischte, während sein schlanker Körper deutlich im Lichte lag.

Nettchen hielt unwillkürlich die Pferde an, womit eine tiefe Stille über den Wald kam. Sie starrte unverwandt nach dem dunklen Körper, bis derselbe sich ihrem hellsehenden Auge fast unverkennbar darstellte und sie leise die Zügel festband, ausstieg, die Pferde einen Augenblick beruhigend streichelte und sich hierauf der Erscheinung vorsichtig, lautlos näherte.

Ja, er war es. Der dunkelgrüne Sammet seines Rockes nahm sich selbst auf dem nächtlichen Schnee schön und edel aus; der schlanke Leib und die geschmeidigen Glieder, wohl geschnürt und bekleidet, alles sagte noch in der Erstarrung, am Rande des Unterganges, im Verlorensein: Kleider machen Leute!

Als sich die einsame Schöne näher über ihn hinbeugte und ihn ganz sicher erkannte, sah sie auch sogleich die Gefahr, in der sein Leben schwebte, und fürchtete, er möchte bereits erfroren sein. Sie ergriff daher unbedenklich eine seiner Hände, die kalt und gefühllos schien. Alles andere vergessend, rüttelte sie den Ärmsten und rief ihm seinen Taufnamen ins Ohr: »Wenzel, Wenzel!« Umsonst, er rührte sich nicht, sondern atmete nur schwach und traurig. Da fiel sie über ihn her, fuhr mit der Hand über sein Gesicht und gab ihm in der Beängstigung Nasenstüber auf die erbleichte Nasenspitze. Dann nahm sie, hierdurch auf einen guten Gedanken gebracht, Hände voll Schnee und rieb ihm die Nase und das Gesicht und auch die Finger tüchtig, soviel sie vermochte und bis sich der glücklich Unglückliche erholte, erwachte und langsam seine Gestalt in die Höhe richtete.

Er blickte um sich und sah die Retterin vor sich stehen. Sie hatte den Schleier zurückgeschlagen; Wenzel erkannte jeden Zug in ihrem weißen Gesicht, das ihn ansah mit großen Augen.

Er stürzte vor ihr nieder, küsste den Saum ihres Mantels und rief: »Verzeih mir! Verzeih mir!«

»Komm, fremder Mensch!«, sagte sie mit unterdrückter zitternder Stimme. »Ich werde mit dir sprechen und dich fortschaffen!«

Sie winkte ihm, in den Schlitten zu steigen, was er folgsam tat; sie gab ihm Mütze und Handschuhe ebenso unwillkürlich, wie sie dieselben mitgenommen hatte, ergriff Zügel und Peitsche und fuhr vorwärts.

Jenseits des Waldes, unfern der Straße, lag ein Bauernhof, auf welchem eine Bäuerin hauste, deren Mann unlängst gestorben. Nettchen war die Patin eines ihrer Kinder sowie der Vater Amtsrat ihr Zinsherr. Noch neulich war die Frau bei ihnen gewesen, um der Tochter Glück zu wünschen und allerlei Rat zu holen, konnte aber zu dieser Stunde noch nichts von dem Wandel der Dinge wissen.

Zinsherr: Mann, an den der Zins gezahlt wird

Nach diesem Hofe fuhr Nettchen jetzt, von der Straße ablenkend und mit einem kräftigen Peitschenknallen vor dem Hause haltend. Es war noch Licht hinter den kleinen Fenstern; denn die Bäuerin war wach und machte sich zu schaffen, während Kinder und Gesinde längst schliefen. Sie öffnete das Fenster und guckte verwundert heraus. »Ich bin's nur, wir sind's!«, rief Nettchen. »Wir haben uns verirrt wegen der neuen obern Straße, die ich noch nie gefahren

Gesinde: Knechte und Mägde

Frau Gevatterin: *hier* Patentante

bezeigen: *hier* zeigen

Behändigkeit: Geschicklichkeit

es wird Ihnen gesund sein: es wird Ihnen guttun

bin; macht uns einen Kaffee, Frau Gevatterin, und lasst uns einen Augenblick hineinkommen, ehe wir weiterfahren!«
Gar vergnügt eilte die Bäuerin her, da sie Nettchen sofort erkannte, und bezeigte sich entzückt und eingeschüchtert zugleich, auch das große Tier, den fremden Grafen, zu sehen. In ihren Augen waren Glück und Glanz dieser Welt in diesen zwei Personen über ihre Schwelle getreten; unbestimmte Hoffnungen, einen kleinen Teil daran, irgendeinen bescheidenen Nutzen für sich oder ihre Kinder zu gewinnen, belebten die gute Frau und gaben ihr alle Behändigkeit, die jungen Herrschaftsleute zu bedienen. Schnell hatte sie ein Knechtchen geweckt, die Pferde zu halten, und bald hatte sie auch einen heißen Kaffee bereitet, welchen sie jetzt hereinbrachte, wo Wenzel und Nettchen in der halbdunklen Stube einander gegenübersaßen, ein schwach flackerndes Lämpchen zwischen sich auf dem Tische.
Wenzel saß, den Kopf in die Hände gestützt, und wagte nicht aufzublicken. Nettchen lehnte auf ihrem Stuhle zurück und hielt die Augen fest verschlossen, aber ebenso den bitteren schönen Mund, woran man sah, dass sie keineswegs schlief.
Als die Gevattersfrau den Trank auf den Tisch gesetzt hatte, erhob sich Nettchen rasch und flüsterte ihr zu: »Lasst uns jetzt eine Viertelstunde allein, legt Euch aufs Bett, liebe Frau! Wir haben uns ein bisschen gezankt und müssen uns heute noch aussprechen, da hier gute Gelegenheit ist!«
»Ich verstehe schon, Ihr macht's gut so!«, sagte die Frau und ließ die zwei bald allein.
»Trinken Sie dies«, sagte Nettchen, die sich wieder gesetzt hatte, »es wird Ihnen gesund sein!« Sie selbst berührte nichts. Wenzel Strapinski, der leise zitterte, richtete sich auf, nahm eine Tasse und trank sie aus, mehr, weil sie es gesagt hatte, als um sich zu erfrischen. Er blickte sie jetzt auch an, und als ihre Augen sich begegneten und Nettchen forschend die seinigen betrachtete, schüttelte sie das

Haupt und sagte dann: »Wer sind Sie? Was wollten Sie mit mir?«

»Ich bin nicht ganz so, wie ich scheine!«, erwiderte er traurig. »Ich bin ein armer Narr, aber ich werde alles gutmachen und Ihnen Genugtuung geben und nicht lange mehr am Leben sein!« Solche Worte sagte er so überzeugt und ohne allen gemachten Ausdruck, dass Nettchens Augen unmerklich aufblitzten. Dennoch wiederholte sie: »Ich wünsche zu wissen, wer Sie eigentlich seien und woher Sie kommen und wohin Sie wollen.«

Genugtuung: Wiedergutmachung

»Es ist alles so gekommen, wie ich Ihnen jetzt der Wahrheit gemäß erzählen will«, antwortete er und sagte ihr, wer er sei und wie es ihm bei seinem Einzug in Goldach ergangen. Er beteuerte besonders, wie er mehrmals habe fliehen wollen, schließlich aber durch ihr Erscheinen selbst gehindert worden sei wie in einem verhexten Traume.

Nettchen wurde mehrmals von einem Anflug von Lachen heimgesucht; doch überwog der Ernst ihrer Angelegenheit zu sehr, als dass es zum Ausbruch gekommen wäre. Sie fuhr vielmehr fort zu fragen: »Und wohin gedachten Sie mit mir zu gehen und was zu beginnen?« – »Ich weiß es kaum«, erwiderte er; »ich hoffte auf weitere merkwürdige oder glückliche Dinge; auch gedachte ich zuweilen des Todes in der Art, dass ich mir denselben geben wolle, nachdem ich – «

Hier stockte Wenzel, und sein bleiches Gesicht wurde ganz rot.

»Nun, fahren Sie fort!«, sagte Nettchen, ihrerseits bleich werdend, indessen ihr Herz wunderlich klopfte.

Da flammten Wenzels Augen groß und süß auf, und er rief: »Ja, jetzt ist es mir klar und deutlich vor Augen, wie es gekommen wäre! Ich wäre mit dir in die weite Welt gegangen, und nachdem ich einige kurze Tage des Glückes mit dir gelebt, hätte ich dir den Betrug gestanden und mir gleichzeitig den Tod gegeben. Du wärest zu deinem Vater zurückgekehrt, wo du wohl aufgehoben gewesen wärest und mich leicht vergessen hättest. Niemand brauchte darum zu wissen; ich wäre spurlos verschollen. Anstatt an der Sehnsucht nach einem würdigen Dasein, nach einem gütigen Herzen, nach Liebe lebenslang zu kranken«, fuhr er wehmütig fort, »wäre ich einen Augenblick lang groß und glücklich gewesen und hoch über allen, die weder glücklich noch unglücklich sind und doch nie sterben wollen! O hätten Sie mich liegengelassen im kalten Schnee, ich wäre so ruhig eingeschlafen!«

Er war wieder still geworden und schaute düster sinnend vor sich hin.

düster sinnend: bedrückt, nachdenklich

Nach einer Weile sagte Nettchen, die ihn still betrachtet, nachdem das durch Wenzels Reden angefachte Schlagen ihres Herzens sich etwas gelegt hatte:

»Haben Sie dergleichen oder ähnliche Streiche früher schon begangen und fremde Menschen angelogen, die Ihnen nichts zuleide getan?«

»Das habe ich mich in dieser bitteren Nacht selbst schon gefragt und mich nicht erinnert, dass ich je ein Lügner gewesen bin! Ein solches Abenteuer habe ich noch gar nie gemacht oder erfahren! Ja, in jenen Tagen, als der Hang in mir entstanden, etwas Ordentliches zu sein oder zu scheinen, in halber Kindheit noch, habe ich mich selbst überwunden und einem Glück entsagt, das mir beschieden schien!«

entsagen: auf etwas schweren Herzens verzichten

»Was ist dies?«, fragte Nettchen.

»Meine Mutter war, ehe sie sich verheiratet hatte, in Diensten einer benachbarten Gutsherrin und mit derselben auf Reisen und in großen Städten gewesen. Davon hatte sie eine feinere Art bekommen als die anderen Weiber unseres Dorfes und war wohl auch etwas eitel; denn sie kleidete sich und mich, ihr einziges Kind, immer etwas zierlicher und gesuchter, als es bei uns Sitte war. Der Vater, ein armer Schulmeister, starb aber früh, und so blieb uns bei größter Armut keine Aussicht auf glückliche Erlebnisse, von welchen die Mutter gerne zu träumen pflegte. Vielmehr muss-

Schulmeister: Lehrer

te sie sich harter Arbeit hingeben, um uns zu ernähren, und damit das Liebste, was sie hatte, etwas bessere Haltung und Kleidung, aufopfern. Unerwartet sagte nun jene inzwischen verwitwete Gutsherrin, als ich etwa sechzehn Jahre alt war, sie gehe mit ihrem Haushalt in die Residenz für immer; die Mutter solle mich mitgeben, es sei schade für mich, in dem Dorfe ein Tagelöhner oder Bauernknecht zu werden, sie wolle mich etwas Feines lernen lassen, zu was ich Lust habe, während ich in ihrem Hause leben und diese und jene leichten Dienstleistungen tun könne. Das schien nun das Herrlichste zu sein, was sich für uns ereignen mochte. Alles wurde demgemäß verabredet und zubereitet, als die Mutter nachdenklich und traurig wurde und mich eines Tages plötzlich mit vielen Tränen bat, sie nicht zu verlassen, sondern mit ihr arm zu bleiben; sie werde nicht alt werden, sagte sie, und ich würde gewiss noch zu etwas Gutem gelangen, auch wenn sie tot sei. Die Gutsherrin, der ich das betrübt hinterbrachte, kam her und machte meiner Mutter Vorstellungen; aber diese wurde jetzt ganz aufgeregt und rief einmal um das andere, sie lasse sich ihr Kind nicht rauben; wer es kenne – «

Hier stockte Wenzel Strapinski abermals und wusste sich nicht recht fortzuhelfen.

Nettchen fragte: »Was sagte die Mutter, wer es kenne? Warum fahren Sie nicht fort?«

Wenzel errötete und antwortete: »Sie sagte etwas Seltsames, was ich nicht recht verstand und was ich jedenfalls seither nicht verspürt habe; sie meinte, wer das Kind kenne, könne nicht mehr von ihm lassen, und wollte wohl damit sagen, dass ich ein gutmütiger Junge gewesen sei oder etwas dergleichen. Kurz, sie war so aufgeregt, dass ich trotz alles Zuredens jener Dame entsagte und bei der Mutter blieb, wofür sie mich doppelt liebhatte, tausendmal mich um Verzeihung bittend, dass sie mir vor dem Glücke sei. Als ich aber nun auch etwas verdienen lernen sollte, stellte es sich heraus, dass nicht viel anderes zu tun war, als dass

aufopfern: aufgeben

Residenz: Wohnsitz eines Fürsten o. Ä., Hauptstadt

Tagelöhner: Landarbeiter im Tagelohn

Vorstellung: *hier* Ermahnung, Vorwurf

ich zu unserm Dorfschneider in die Lehre ging. Ich wollte nicht, aber die Mutter weinte so sehr, dass ich mich ergab. Dies ist die Geschichte.«

Auf Nettchens Frage, warum er denn doch von der Mutter fort sei und wann, erwiderte Wenzel: »Der Militärdienst rief mich weg. Ich wurde unter die Husaren gesteckt und war ein ganz hübscher roter Husar, obwohl vielleicht der dümmste im Regiment, jedenfalls der stillste. Nach einem Jahre konnte ich endlich für ein paar Wochen Urlaub erhalten und eilte nach Hause, meine gute Mutter zu sehen; aber sie war eben gestorben. Da bin ich denn, als meine Zeit vorbei war, einsam in die Welt gereist und endlich hier in mein Unglück geraten.«

Nettchen lächelte, als er dieses vor sich hinklagte und sie ihn dabei aufmerksam betrachtete. Es war jetzt eine Zeitlang still in der Stube; auf einmal schien ihr ein Gedanke aufzutauchen.

»Da Sie«, sagte sie plötzlich, aber dennoch mit zögerndem spitzigem Wesen, »stets so wertgeschätzt und liebenswürdig waren, so haben Sie ohne Zweifel auch jederzeit Ihre gehörigen Liebschaften oder dergleichen gehabt und wohl schon mehr als ein armes Frauenzimmer auf dem Gewissen – von mir nicht zu reden?«

wertschätzen: achten, respektieren

»Ach Gott«, erwiderte Wenzel, ganz rot werdend, »eh' ich zu Ihnen kam, habe ich niemals auch nur die Fingerspitzen eines Mädchens berührt, ausgenommen – «

»Nun?«, sagte Nettchen.

»Nun«, fuhr er fort, »das war eben jene Frau, die mich mitnehmen und bilden lassen wollte, die hatte ein Kind, ein Mädchen von sieben oder acht Jahren, ein seltsames, heftiges Kind und doch gut wie Zucker und schön wie ein Engel. Dem hatte ich vielfach den Diener und Beschützer machen müssen, und es hatte sich an mich gewöhnt. Ich musste es regelmäßig nach dem entfernten Pfarrhof bringen, wo es bei dem alten Pfarrer Unterricht genoss, und es von da wieder abholen. Auch sonst musste ich öfter mit ihm ins Freie, wenn sonst niemand gerade mitgehen konnte. Dieses Kind nun, als ich es zum letzten Mal im Abendschein über das Feld nach Hause führte, fing von der bevorstehenden Abreise zu reden an, erklärte mir, ich müsste dennoch mitgehen, und fragte, ob ich es tun wolle. Ich sagte, dass es nicht sein könne. Das Kind fuhr aber fort, gar beweglich und dringlich zu bitten, indem es mir am Arme hing und mich am Gehen hinderte, wie Kinder zu tun pflegen, sodass ich mich bedachtlos wohl etwas unwirsch frei machte. Da senkte das Mädchen sein Haupt und suchte beschämt und traurig die Tränen zu unterdrücken, die jetzt hervorbrachen, und es vermochte kaum das Schluchzen zu bemeistern. Betroffen wollte ich das Kind begütigen; allein nun wandte es sich zornig ab und entließ mich in Ungnaden. Seitdem ist mir das schöne Kind immer im Sinne geblieben, und mein Herz hat immer an ihm gehangen, obgleich ich nie wieder von ihm gehört habe – «

bedachtlos: unüberlegt

unwirsch: unfreundlich

begütigen: beruhigen, besänftigen

Plötzlich hielt der Sprecher, der in eine sanfte Erregung geraten war, wie erschreckt inne und starrte erbleichend seine Gefährtin an.

»Nun«, sagte Nettchen ihrerseits mit seltsamem Tone, in gleicher Weise etwas blass geworden, »was sehen Sie mich so an?«

Wenzel aber streckte den Arm aus, zeigte mit dem Finger auf sie, wie wenn er einen Geist sähe, und rief:

»Dieses habe ich auch schon erblickt. Wenn jenes Kind zornig war, so hoben sich ganz so, wie jetzt bei Ihnen, die schönen Haare um Stirne und Schläfe ein wenig aufwärts, dass man sie sich bewegen sah, und so war es auch zuletzt auf dem Felde in jenem Abendglanze.«

In der Tat hatten sich die zunächst den Schläfen und über der Stirne liegenden Locken Nettchens leise bewegt wie von einem ins Gesicht wehenden Lufthauche.

Die allzeit etwas kokette Mutter Natur hatte hier eines ihrer Geheimnisse angewendet, um den schwierigen Handel zu Ende zu führen.

kokett: gefallsüchtig, eitel

Nach kurzem Schweigen, indem ihre Brust sich zu heben begann, stand Nettchen auf, ging um den Tisch herum dem Manne entgegen und fiel ihm um den Hals mit den Worten: »Ich will dich nicht verlassen! Du bist mein, und ich will mit dir gehen trotz aller Welt!« 5
So feierte sie erst jetzt ihre rechte Verlobung aus tief entschlossener Seele, indem sie in süßer Leidenschaft ein Schicksal auf sich nahm und Treue hielt.
Doch war sie keineswegs so blöde, dieses Schicksal nicht selbst ein wenig lenken zu wollen; vielmehr fasste sie rasch 10 und keck neue Entschlüsse. Denn sie sagte zu dem guten Wenzel, der in dem abermaligen Glückswechsel verloren träumte:

keck: unbekümmert

»Nun wollen wir gerade nach Seldwyla gehen und den Dortigen, die uns zu zerstören gedachten, zeigen, dass sie 15 uns erst recht vereinigt und glücklich gemacht haben!«
Dem wackern Wenzel wollte das nicht einleuchten. Er wünschte vielmehr, in unbekannte Weiten zu ziehen und geheimnisvoll und romantisch dort zu leben in stillem Glücke, wie er sagte. 20
Allein Nettchen rief: »Keine Romane mehr! Wie du bist, ein armer Wandersmann, will ich mich zu dir bekennen und in meiner Heimat allen diesen Stolzen und Spöttern zum Trotze dein Weib sein! Wir wollen nach Seldwyla gehen und dort durch Tätigkeit und Klugheit die Menschen, die 25 uns verhöhnt haben, von uns abhängig machen!«
Und wie gesagt, so getan! Nachdem die Bäuerin herbeigerufen und von Wenzel, der anfing, seine neue Stellung einzunehmen, beschenkt worden war, fuhren sie ihres Weges weiter. Wenzel führte jetzt die Zügel, Nettchen lehnte sich 30 so zufrieden an ihn, als ob er eine Kirchensäule wäre. Denn des Menschen Wille ist sein Himmelreich, und Nettchen war just vor drei Tagen volljährig geworden und konnte dem ihrigen folgen.
In Seldwyla hielten sie vor dem Gasthause ›Zum Regenbo- 35 gen‹, wo noch eine Zahl jener Schlittenfahrer beim Glase

beim Glase sitzen: gemeinsam etwas trinken

saß. Als das Paar im Wirtssaale erschien, lief wie ein Feuer die Rede herum: »Ha, da haben wir eine Entführung! Wir haben eine köstliche Geschichte eingeleitet!«
Doch ging Wenzel ohne Umsehen hindurch mit seiner
5 Braut, und nachdem sie in ihren Gemächern verschwunden war, begab er sich in den ›Wilden Mann‹, ein anderes gutes Gasthaus, und schritt stolz durch die dort ebenfalls noch hausenden Seldwyler hindurch in ein Zimmer, das er begehrte, und überließ sie ihren erstaunten Beratungen,
10 über welchen sie sich das grimmigste Kopfweh anzutrinken genötigt waren.
Auch in der Stadt Goldach lief um die gleiche Zeit schon das Wort ›Entführung!‹ herum.
In aller Frühe schon fuhr auch der ›Teich Bethesda‹ nach
15 Seldwyla, von dem aufgeregten Böhni und Nettchens betroffenem Vater bestiegen. Fast wären sie in ihrer Eile ohne Anhalt durch Seldwyla gefahren, als sie noch rechtzeitig den Schlitten ›Fortuna‹ wohlbehalten vor dem Gasthause stehen sahen und zu ihrem Troste vermuteten, dass we-
20 nigstens die schönen Pferde auch nicht weit sein würden. Sie ließen daher ausspannen, als sich die Vermutung bestätigte und sie die Ankunft und den Aufenthalt Nettchens vernahmen, und gingen gleichfalls in den ›Regenbogen‹ hinein.
25 Es dauerte jedoch eine kleine Weile, bis Nettchen den Vater bitten ließ, sie auf ihrem Zimmer zu besuchen und dort allein mit ihr zu sprechen. Auch sagte man, sie habe bereits den besten Rechtsanwalt der Stadt rufen lassen, welcher im Laufe des Vormittags erscheinen werde. Der Amts-
30 rat ging etwas schweren Herzens zu seiner Tochter hinauf, überlegend, auf welche Weise er das desperate Kind am besten aus der Verirrung zurückführe, und war auf ein verzweifeltes Gebaren gefasst.
Allein mit Ruhe und sanfter Festigkeit trat ihm Nettchen
35 entgegen. Sie dankte ihrem Vater mit Rührung für alle ihr bewiesene Liebe und Güte und erklärte sodann in be-

grimmig: *hier* heftig, sehr groß

desperat: verzweifelt

Gebaren: auffälliges Benehmen

stimmten Sätzen: erstens, sie wolle nach dem Vorgefallenen nicht mehr in Goldach leben, wenigstens nicht die nächsten Jahre; zweitens wünsche sie ihr bedeutendes mütterliches Erbe an sich zu nehmen, welches der Vater ja schon lange für den Fall ihrer Verheiratung bereitgehalten; drittens wolle sie den Wenzel Strapinski heiraten, woran vor allem nichts zu ändern sei; viertens wolle sie mit ihm in Seldwyla wohnen und ihm da ein tüchtiges Geschäft gründen helfen, und fünftens und letztens werde alles gut werden; denn sie habe sich überzeugt, dass er ein guter Mensch sei und sie glücklich machen werde.

Der Amtsrat begann seine Arbeit mit der Erinnerung, dass Nettchen ja wisse, wie sehr er schon gewünscht habe, ihr Vermögen zur Begründung ihres wahren Glückes je eher je lieber in ihre Hände legen zu können. Dann aber schilderte er mit aller Bekümmernis, die ihn seit der ersten Kunde von der schrecklichen Katastrophe erfüllte, das Unmögliche des Verhältnisses, das sie festhalten wolle, und schließlich zeigte er das große Mittel, durch welches sich der schwere Konflikt allein würdig lösen lasse. Herr Melchior Böhni sei es, der bereit sei, durch augenblickliches Einstehen mit seiner Person den ganzen Handel niederzuschlagen und mit seinem unantastbaren Namen ihre Ehre vor der Welt zu schützen und aufrechtzuhalten.

niederschlagen: beenden

Aber das Wort Ehre brachte nun doch die Tochter in größere Aufregung. Sie rief, gerade die Ehre sei es, welche ihr gebiete, den Herrn Böhni nicht zu heiraten, weil sie ihn nicht leiden könne, dagegen dem armen Fremden getreu zu bleiben, welchem sie ihr Wort gegeben habe und den sie auch leiden könne!

Es gab nun ein fruchtloses Hin- und Widerreden, welches die standhafte Schöne endlich doch zum Tränenvergießen brachte.

Hin- und Widerreden: über Vor- und Nachteile diskutieren

Fast gleichzeitig drangen Wenzel und Böhni herein, welche auf der Treppe zusammengetroffen, und es drohte eine große Verwirrung zu entstehen, als auch der Rechtsanwalt erschien, ein dem Amtsrate wohlbekannter Mann, und vorderhand zur friedlichen Besonnenheit mahnte. Als er in wenigen vorläufigen Worten vernahm, worum es sich handle, ordnete er an, dass vor allem Wenzel sich in den ›Wilden Mann‹ zurückziehe und sich dort stillhalte, dass auch Herr Böhni sich nicht einmische und fortgehe, dass Nettchen ihrerseits alle Formen des bürgerlichen guten Tones wahre bis zum Austrag der Sache und der Vater auf jede Ausübung von Zwang verzichte, da die Freiheit der Tochter gesetzlich unbezweifelt sei.

vorderhand: zunächst einmal

Austrag: Durchführung

So gab es denn einen Waffenstillstand und eine allgemeine Trennung für einige Stunden.

In der Stadt, wo der Anwalt ein paar Worte verlauten ließ von einem großen Vermögen, welches vielleicht nach Seldwyla käme durch diese Geschichte, entstand nun ein großer Lärm. Die Stimmung der Seldwyler schlug plötzlich um zugunsten des Schneiders und seiner Verlobten, und sie beschlossen, die Liebenden zu schützen mit Gut und Blut und in ihrer Stadt Recht und Freiheit der Person zu wahren. Als daher das Gerücht ging, die Schöne von Goldach solle mit Gewalt zurückgeführt werden, rotteten sie sich zusammen, stellten bewaffnete Schutz- und Ehrenwachen vor den ›Regenbogen‹ und vor den ›Wilden Mann‹ und begingen überhaupt mit gewaltiger Lustbarkeit eines ihrer großen Abenteuer, als merkwürdige Fortsetzung des gestrigen.

Lustbarkeit: Vergnügung, Freude

Der erschreckte und gereizte Amtsrat schickte seinen Böhni nach Goldach um Hilfe. Der fuhr im Galopp hin, und am nächsten Tage fuhren eine Anzahl Männer mit einer ansehnlichen Polizeimacht von dort herüber, um dem Amtsrat beizustehen, und es gewann den Anschein, als ob Seldwyla ein neues Troja werden sollte. Die Parteien standen sich drohend gegenüber; der Stadttambour drehte bereits an seiner Spannschraube und tat einzelne Schläge mit dem rechten Schlägel. Da kamen höhere Amtspersonen, geistliche und weltliche Herren, auf den Platz, und die Un-

Stadttambour: Trommler, der Stadtnachrichten ausruft

gepflogen: geführt

Aufgebot: öffentliche Ankündigung einer Hochzeit

Einsprache: Einspruch

böser Leumund: üble Nachrede, Verleumdung

Katzenkopf: kleine Kanone

Marchand-Tailleur: Händler und Schneider

terhandlungen, welche allseitig gepflogen wurden, ergaben endlich, da Nettchen fest blieb und Wenzel sich nicht einschüchtern ließ, aufgemuntert durch die Seldwyler, dass das Aufgebot ihrer Ehe nach Sammlung aller nötigen Schriften förmlich stattfinden und dass gewärtigt werden 5 solle, ob und welche gesetzliche Einsprachen während dieses Verfahrens dagegen erhoben würden und mit welchem Erfolge.

Solche Einsprachen konnten bei der Volljährigkeit Nettchens einzig noch erhoben werden wegen der zweifelhaf- 10 ten Person des falschen Grafen Wenzel Strapinski.

Allein der Rechtsanwalt, der seine und Nettchens Sache nun führte, ermittelte, dass den fremden jungen Mann weder in seiner Heimat noch auf seinen bisherigen Fahrten auch nur der Schatten eines bösen Leumunds getroffen 15 habe und von überall her nur gute und wohlwollende Zeugnisse für ihn einliefen.

Was die Ereignisse in Goldach betraf, so wies der Advokat nach, dass Wenzel sich eigentlich gar nie selbst für einen Grafen ausgegeben, sondern dass ihm dieser Rang von an- 20 dern gewaltsam verliehen worden; dass er schriftlich auf allen vorhandenen Belegstücken mit seinem wirklichen Namen Wenzel Strapinski ohne jede Zutat sich unterzeichnet hatte und somit kein anderes Vergehen vorlag, als dass er eine törichte Gastfreundschaft genossen hatte, die ihm 25 nicht gewährt worden wäre, wenn er nicht in jenem Wagen angekommen wäre und jener Kutscher nicht jenen schlechten Spaß gemacht hätte.

So endigte denn der Krieg mit einer Hochzeit, an welcher die Seldwyler mit ihren sogenannten Katzenköpfen gewal- 30 tig schossen zum Verdrusse der Goldacher, welche den Geschützdonner ganz gut hören konnten, da der Westwind wehte. Der Amtsrat gab Nettchen ihr ganzes Gut heraus, und sie sagte, Wenzel müsse nun ein großer Marchand-Tailleur und Tuchherr werden in Seldwyla; denn da hieß 35

der Tuchhändler noch Tuchherr, der Eisenhändler Eisenherr usw.
Das geschah denn auch, aber in ganz anderer Weise, als die Seldwyler geträumt hatten. Er war bescheiden, sparsam
5 und fleißig in seinem Geschäfte, welchem er einen großen Umfang zu geben verstand. Er machte ihnen ihre veilchenfarbigen oder weiß und blau gewürfelten Sammetwesten, ihre Ballfräcke mit goldenen Knöpfen, ihre rot ausgeschlagenen Mäntel, und alles waren sie ihm schuldig, aber nie
10 zu lange Zeit. Denn um neue, noch schönere Sachen zu erhalten, welche er kommen oder anfertigen ließ, mussten sie ihm das Frühere bezahlen, sodass sie untereinander klagten, er presse ihnen das Blut unter den Nägeln hervor.
Dabei wurde er rund und stattlich und sah beinah gar
15 nicht mehr träumerisch aus; er wurde von Jahr zu Jahr geschäftserfahrener und gewandter und wusste in Verbindung mit seinem bald versöhnten Schwiegervater, dem Amtsrat, so gute Spekulationen zu machen, dass sich sein Vermögen verdoppelte und er nach zehn oder zwölf Jahren
20 mit ebenso vielen Kindern, die inzwischen Nettchen, die Strapinska, geboren hatte, und mit Letzterer nach Goldach übersiedelte und daselbst ein angesehener Mann ward.
Aber in Seldwyla ließ er nicht einen Stüber zurück, sei es aus Undank oder aus Rache.

Ballfrack: festlicher Anzug

ausgeschlagen: gefüttert

Stüber: frühere niederrheinische Münze

Sachinformationen

Adel und Bürgertum

In der Mitte des 19. Jahrhunderts kam es zum Aufstieg des Bürgertums, einer neuen gesellschaftlichen Schicht, welche die vormalige Gliederung in Stände ablöste. Die Ständegesellschaft, in der die Geburt die Zugehörigkeit zu einem Stand (1. Klerus, 2. Adel, 3. Bauern und Handwerker) bestimmte und damit über Reichtum oder bittere Armut entschied, sollte durch eine Gesellschaft aus gleichgestellten Bürgern ersetzt werden. Angestrebt wurde ein universales Modell, nach dem jeder frei, gleich und mündig sei. Nicht die Herkunft sollte über die soziale Lage bestimmen, sondern das jeweilige Maß an Fleiß, Disziplin, Sparsamkeit und Leistung. Der Adel und die Kirche mussten somit Rechte aufgeben und Fabrikanten, Gewerbetreibende, höhere Beamte und Bildungsbürger stiegen in die bürgerliche Schicht auf. Jedoch gab es bei der sozialen Mobilität Einschränkungen: Das neue Bürgertum grenzte sich stark gegenüber Handwerkern und der Arbeiterschaft ab und es zeigte sich schnell, dass die Forderung nach Gleichheit nur für einen bestimmten Teil der Gesellschaft realisiert worden war. Die Arbeiter waren mehrheitlich unter sehr schlechten Bedingungen in Fabriken tätig, verdienten gerade so viel, um überleben zu können, und bekamen nicht die Chance, in die bürgerliche Welt aufzusteigen.

Zudem bezog sich die Vorstellung vom freien, gleichen und selbstbestimmten Bürger lediglich auf Männer. Frauen wurden dem häuslichen Bereich zugeordnet und der Macht ihres Ehemannes unterstellt. Und obwohl nun das Ideal der Liebesheirat aufkam, blieben häufig materielle Aspekte für die Vermählung ausschlaggebend. Kalkuliert waren mitunter auch Hochzeiten zwischen Adligen und Angehörigen des aufsteigenden Bürgertums, durch welche man sich gegenseitig Privilegien zu sichern suchte. Es kam zur Vermischung von adeligen und großbürgerlichen Familien, wobei sich viele Aufsteiger noch an aristokratischen Lebensformen orientierten und diese nachahmten.

Literatur

Blosser, Ursi; Gerster, Franziska: Töchter der guten Gesellschaft. Frauenrolle und Mädchenerziehung im schweizerischen Großbürgertum um 1900. Zürich: Chronos 1985.

Hobsbawm, Eric J.: Die Blütezeit des Kapitals. Eine Kulturgeschichte der Jahre 1848–1875. Frankfurt a. M.: Fischer-Taschenbuch-Verlag 1980.

Mayer, Arno J.: Die herrschenden Klassen. Die Anpassung des Bürgertums. In: ders.: Adelsmacht und Bürgertum. Die Krise der europäischen Gesellschaft. München: Beck 1984, S. 83–128.

Reif, Heinz: Adel im 19. und 20. Jahrhundert. München: Oldenbourg Wissenschaftsverlag 2012, S. 29–38.

Entstehungsgeschichte des Novellenzyklus

Kleider machen Leute ist Teil des zweibändigen Novellenzyklus *Die Leute von Seldwyla*. Der erste Band erschien 1855 und umfasst eine Vorrede sowie die fünf Novellen: *Pankraz, der*

Schmoller; Romeo und Julia auf dem Dorfe; Frau Regel Amrain und ihr Jüngster; Die drei gerechten Kammmacher und *Spiegel, das Kätzchen*. Obwohl Gottfried Keller direkt im Anschluss mit der Planung des zweiten Bandes begann, vergingen noch fast zwanzig Jahre bis zur tatsächlichen Veröffentlichung (1873–1874). Keller hat – mit Unterbrechungen, bedingt durch seine Arbeiten als Staatsschreiber – an *Kleider machen Leute* mehr als sieben Jahre gearbeitet und den Stoff mehrfach durchdacht, erweitert und aktualisiert.

Die Reihenfolge der Novellen im zweiten Band stellte Gottfried Keller mehrfach um, bis er schließlich zu folgendem Ergebnis kam: *2. Vorrede; Kleider machen Leute; Der Schmied seines Glückes; Die missbrauchten Liebesbriefe; Dietegen* und *Das verlorene Lachen*. In einem Brief erklärte er hierzu: »Ich habe seit meinem letzten ergebenen Schreiben eine kleine Einleitung zum 2. Bande der *Leute von Seldwyla* geschrieben, zu welcher als 1. Erzählung nun eine andere besser passt als die letzthin von mir bezeichnete« (Helbling 1950, S. 151). Damit stellte Keller ausdrücklich eine Verbindung zwischen der *2. Vorrede*, die insbesondere Veränderungen im Ort Seldwyla beschreibt, und *Kleider machen Leute* her. So hat sich das sonnige und immer gleiche »Nest« des ersten Bandes, in dem handwerkliche und agrarische Tätigkeiten für das Auskommen der Einwohner sorgten, in einen Ort der Finanzspekulationen verwandelt.

Damit bezog sich Keller auf ökonomische Umwälzungen, die sich insbesondere in den 1860er-Jahren, also in der Zeit, als er an *Kleider machen Leute* arbeitete, immer deutlicher abzeichneten: Die Vorboten der Veränderungen bezüglich des Industrie- und Finanzkapitalismus waren bereits erkennbar. Neben den wirtschaftlichen Veränderungen nahm Keller noch weitere zeitgeschichtliche Ereignisse in seine Erzählung auf. So klingen Motive des Polenaufstands von 1863 und die damit einhergehende Polenbegeisterung im schweizerischen Bürgertum ebenso an wie ein damit in Zusammenhang stehender Betrugsfall in der Schweiz.

Nach mehreren Verschiebungen des Veröffentlichungstermins und damit verbundenen Unstimmigkeiten zwischen Gottfried Keller und seinem Verleger, die schließlich zu einem Verlagswechsel führten, erschienen 1873–1874 schließlich alle Seldwyla-Geschichten. Die beiden Seldwyla-Bände weisen mehrere spiegelbildliche Entsprechungen auf. So korrespondieren beispielsweise die jeweils ersten Novellen, in denen die Aufnahme eines Einzelnen in die bürgerliche Gesellschaft dargestellt wird, thematisch miteinander (vgl. Kittstein 2008, S. 118). Des Weiteren ist auch eine gegensätzliche Entsprechung der beiden Teile festgestellt worden (vgl. Kaiser 1981, S. 282), wonach zum Beispiel die erste und die letzte Novelle ein Gegenstück bilden (*Pankraz, der Schmoller* und *Das verlorene Lachen*). In der ersten Novelle quält Pankraz sein Umfeld durch sein Schmollen, verliert seine sich darin äußernde Unzufriedenheit jedoch am Ende. Im Gegensatz hierzu verlieren die beiden Hauptakteure in der zweiten Novelle ihr Lachen zunächst und gewinnen es am Ende wieder.
Bis heute sind die Novellen *Kleider machen Leute* und *Romeo und Julia auf dem Dorfe* besonders populär.

Literatur

Helbling, Carl: Gottfried Keller. Gesammelte Briefe (Band 1–4). Bern: Benteli 1950–1954.

Kaiser, Gerhard: Gottfried Keller. Das gedichtete Leben. Frankfurt a. M.: Insel-Verlag 1981, S. 282.

Kittstein, Ulrich: Gottfried Keller. Stuttgart: Reclam 2008, S. 95–136.

Neumann, Bernd: Gottfried Keller: Eine Einführung in sein Werk. Königstein im Taunus: Athenäum 1982, S. 169 f.

Villwock, Peter (Hrsg.); Keller, Gottfried: Kleider machen Leute. Text und Kommentar. Frankfurt a. M.: Suhrkamp 2005, S. 115–118.

Gottfried Kellers Engagement für polnische Flüchtlinge

Kellers Novelle *Kleider machen Leute* enthält mehrere Verweise auf politische Ereignisse, die sich im 19. Jahrhundert in und um Polen abspielten.

Polen wurde im 18. Jahrhundert von Russland, Österreich und Preußen aus machtpolitischen Gründen insgesamt dreimal (1772, 1793, 1795) geteilt, d. h. von den Nachbarstaaten besetzt und untereinander aufgeteilt, sodass kein souveräner polnischer Staat mehr existierte. Trotz mehrmaliger Aufstände gelang es den polnischen Bürgern nicht, sich von dieser Fremdherrschaft zu befreien. Während das Bildungsbürgertum in Europa mehrheitlich mit dem polnischen Freiheitskampf sympathisierte und diesen idealisierte, blieb die Hilfe der europäischen Regierungen aus. 1863 kam es erneut zu einem Aufstand, der von Russland niedergeschlagen wurde und viele Polen dazu zwang, das Land zu verlassen. Gottfried Keller, der schon im Kindesalter, als ein polnischer Emigrant in seinem Elternhaus wohnte, mit den Problemen der Freiheitskämpfer konfrontiert war, wollte sich für die Flüchtlinge einsetzen. Als in Zürich ein »Provisorisches Zentralkomitee zur Unterstützung der Polen« gegründet wurde, das die Unterbringung und Versorgung der Exilanten in der Schweiz gewährleisten sollte, engagierte sich Gottfried Keller als Sekretär. Die finanziellen Hilfeleistungen des Komitees zogen dabei auch Betrüger an. Bekannt wurde der Fall eines gewissen Julius Schramm (in Polizeiakten auch Julian Saminski), der sein Engagement lediglich vortäuschte, während er Geld des Komitees veruntreute und für Russland spionierte.1864 notierte Keller in einem Brief, dass er Lust hätte, »eine kleine Studie über diesen Charakter von Spionen zu schreiben« (Selbmann 2001, S. 77), und überlegte, ob er den Protagonisten aus *Kleider machen Leute* Julian statt Wenzel nennen sollte.

Literatur

Jeziorkowski, Klaus: Gottfried Keller. Kleider machen Leute. Text, Materialien, Kommentar. München: Hanser 1984, S. 106–111.

Rudolph, Andrea (Hrsg.): Ideale Polenbilder als Kritik an der Moderne. Gottfried Kellers Novelle Kleider machen Leute. In: ders.: Ein weiter Mantel. Polenbilder in Gesellschaft, Politik und Dichtung. Dettelbach: Röll 2002, S. 225–259.

Selbmann, Rolf: Gottfried Keller. Kleider machen Leute. Erläuterungen und Dokumente. Stuttgart: Reclam 1984, S. 45–51.

Villwock, Peter (Hrsg.); Keller, Gottfried: Kleider machen Leute. Text und Kommentar. Frankfurt a. M.: Suhrkamp 2005, S. 110–115.

Gottfried Kellers poetologische Position

Keller bezog sich in der Novelle *Kleider machen Leute* auf verschiedene andere Texte, wie Trivialromane oder Märchen. Dieses Vorgehen hängt mit einer bestimmten Geschichtsauffassung zusammen, die der Autor selbst als »Dialektik der Kulturbewegung« (Helbling 1952, S. 398) bezeichnete. Hierbei ging er davon aus, dass alles, was in der Poesie als neu erscheine, bereits vorher schon einmal dagewesen sei. So wäre zum Beispiel der »Weltschmerz« (Helbling 1952, S. 398) in Gedichten, der zu Kellers Zeiten als modern galt, zuvor schon in chinesischen Liedern zu finden. Geschichten und Themen würden demnach zu bestimmten Zeiten in der Gesellschaft erzählt bzw. aufgegriffen, um dann zeitweilig zu verschwinden und anschließend wieder aufzutauchen. Daher sei es ein Irrtum anzunehmen, etwas sei »nagelneu und urkräftig«, da es »schon vor Jahrtausenden vielleicht längst in klassischen Gedichten aufgeschrieben wurde« (Helbling 1952, S. 398).
Keller lehnte damit zum einen den Genieglauben ab, wonach jemand aus sich selbst heraus etwas noch nie Dagewesenes schöpfen könne. Zum anderen kritisierte er die Idee eines geradlinigen Fortschrittsglaubens, also die Annahme, dass stets eine überall gleich verlaufende und zusammenhängende Entwicklung stattfinde. Daneben wehrte er sich auch gegen die Vorstellung, dass die Gegenwart etwas Erstmaliges und von der Vergangenheit Unabhängiges sei.
Etwas Neues kann im Sinne Kellers lediglich durch die Verbindung von Vergangenem mit Aktuellem entstehen. Daher bildete er seine Texte aus alten (z. B. Märchenmotive) und neuen (z. B. Entwicklung der Schweiz im 19. Jahrhundert) Elementen. Nur aus diesen speziellen Kombinationen entsteht nach Keller etwas vorher noch nicht Dagewesenes.

Literatur

Helbling, Carl: Gottfried Keller. Gesammelte Briefe (Band 1–4). Bern: Benteli 1950–1954.

Jeziorkowski, Klaus: Gottfried Keller. Kleider machen Leute. Text, Materialien, Kommentar. München: Hanser 1984, S. 66–82.

Keller, Gottfried: Brief an Hermann Hettner, 26.06.1854. In: Helbling, Carl: Gottfried Keller. Gesammelte Briefe. Band 3. Bern: Benteli 1952, S. 398.

Villwock, Peter (Hrsg.); Keller, Gottfried: Kleider machen Leute. Text und Kommentar. Frankfurt a. M.: Suhrkamp 2005, S. 103–110.

Kleidung und Mode

Kleidung hat mehrere Funktionen. Sie dient erstens dem Schutz, zum Beispiel vor Wärme und Kälte, zweitens der Verhüllung, d. h., die Kleidung bedeckt den nackten Körper und verhindert damit die Scham vor demselben und drittens dem Schmuck. Die schmückende und dekorierende Funktion ist insbesondere in der Mode bedeutend. Mode meint eine bestimmte, vorübergehende Art sich zu kleiden, wobei von dieser Erscheinung erst gesprochen werden kann, seit Kleidung nicht mehr nur zur ständischen Abgrenzung in Adelige, Geistliche, Bauern usw., sondern zum Ausdruck von Individualität eingesetzt wird (vgl. Fleig; Nübel 2008, S. 3).

Mode kann als ein Zeichensystem verstanden werden, mit dessen Hilfe kommuniziert wird. Dies meint, dass durch Kleidungsstücke und Accessoires, ähnlich wie mit der Sprache, Informationen zum einen übermittelt und zum anderen von einem Adressaten auch verstanden werden. Informieren kann Kleidung beispielsweise über das Geschlecht, den sozialen Status und das Alter seines Trägers, sodass Personen bestimmten Gruppierungen (Frau/Mann, Kind/Erwachsener …) zugeordnet bzw. von anderen unterschieden werden können. Daneben wird Kleidung auch zur Charakterisierung von Personen genutzt, d. h., dass anhand des äußerlichen Auftretens Rückschlüsse gezogen werden, wie seriös, verlässlich, flexibel usw. jemand vermeintlich ist. Für gewöhnlich wird also eine Verbindung von Identität und Kleidung unterstellt. Dies ist jedoch

problematisch, da Kleidung nicht eine bestimmte, bereits bestehende Identität abbildet, sondern diese erst hervorbringt. Trägt eine Frau zum Beispiel einen Rock, wird damit nicht ihr weibliches Geschlecht dargestellt oder unterstrichen, sondern es wird hierdurch erst eine bestimmte Vorstellung von Weiblichkeit produziert bzw. reproduziert. Der Rock an sich hat keine feste Bedeutung, vielmehr entsteht das, was mit diesem verbunden wird, erst im sozialen Kontext und der jeweiligen Situation. Was als weiblich/männlich, schön/hässlich, reich/arm gilt, resultiert aus vielen kleinen Prozessen und ist damit auch wandelbar.
In der Mode des 18. Jahrhunderts wurde Wert auf eine strikte Trennung der gegensätzlichen Geschlechterbilder gelegt. Frauen sollten den wirtschaftlichen Erfolg der Männer durch prunkvolle Kleider präsentieren, während es ihnen strengstens untersagt war, Hosen zu tragen. Männer hingegen waren aufgefordert, sich dezent zu kleiden, um nicht von ihrem Wesen, d. h., ihrer Leistung in der beruflichen Welt, abzulenken. Im 20. Jahrhundert wurde die Mode der Haute Couture mitunter genutzt, um solche stereotype Geschlechterbilder zu dekonstruieren, d. h., die Bedeutungen, die mit den Kleiderzeichen verbunden waren, aufzuheben, umzuwandeln sowie als konstruiert zu zeigen.

Literatur

Fleig, Anne; Nübel, Birgit: Mode und Literatur. Einführung in das Themenheft. In: Der Deutschunterricht (4/2008), Seelze: Friedrich Verlag 2008, S. 2–6.

Lehnert, Gudrun: Mode als Spiel. Zur Performativität von Mode und Geschlecht. In: Alkemayer, Thomas (Hrsg.): Aufs Spiel gesetzte Körper. Aufführungen des Sozialen in Sport und populärer Kultur. Konstanz: UVK Verlagsgesellschaft 2003, S. 213–226.

Loschek, Ingrid: Wann ist Mode? Strukturen, Strategien und Innovation. Berlin: Reimer 2007, S. 186–196.

Simmel, Georg: Die Mode. In: Gesamtausgabe in 24 Bänden. Band 14. Hauptprobleme der Philosophie. Philosophische Kultur. Frankfurt a. M.: Suhrkamp 1996, S. 186–217.

Novelle
Die Novelle ist eine Erzählung kürzeren bis mittleren Umfangs, die durch einen klar strukturierten Aufbau (Einleitung, Wendepunkt, Lösung) gekennzeichnet ist. Der Begriff geht auf das lateinische Wort *novus* (neu) zurück und verweist auf ein neues oder zumindest ungewöhnliches Ereignis. Dargestellt wird eine einmalige und außerordentliche Begebenheit, die einem Einzelnen passiert. Dabei scheint das Subjekt der Novelle nicht als aktiv Handelnder in das Geschehen einzugreifen, sondern vielmehr schicksalhaften Mächten ausgeliefert zu sein. Der Zufall spielt somit für den Fortgang der Erzählung eine bedeutende Rolle. Häufig gerät eine Figur in eine schwierige Situation, die auf einen Höhe- bzw. Wendepunkt hinsteuert. Veranschaulicht wird diese Wendung durch einen bestimmten Gegenstand, der als Falke bezeichnet wird. Dieses Falken-Motiv basiert auf einer Novelle von Giovanni Boccaccio (1313–1375), in der ein Edelmann sein ganzes Vermögen ausgibt, um die Gunst einer Frau zu gewinnen. Zuletzt bleibt ihm nur noch ein Falke, den er schließlich, als seine Angebetete ihn besucht, zum Essen serviert. Diese ist so beeindruckt von seiner Großzügigkeit, dass sie ihn schließlich heiratet. Der Falke macht die Einstellung des Edelmannes sichtbar und führt so zum entscheidenden Wandel des Geschehens. Es ist also nicht nur ein Vogel, sondern vielmehr ein zentrales Symbol, das bedeutende Sinnzusammenhänge abbildet.
Obwohl es bereits in der Antike novellenartige Erzählungen gibt, wird diese Form erst in der Frührenaissance zu einem festen Bestandteil des literarischen Lebens. Als Vorbild gilt Boccaccios Novellensammlung *Il Decamerone* (1348–1353), in der sich zehn Menschen an zehn Tagen durch das gegenseitige Erzählen von Geschichten die Zeit vertreiben. Obwohl der Gattungsbegriff in Deutschland seit dem 17. Jahrhundert existiert, hat besonders Johann Wolfgang von Goethe (1749–1832, z. B. *Unterhaltung deutscher Ausgewanderten*, 1795) zu der Verbreitung und Bekanntmachung dieser Text-

form beigetragen. Ferner haben Heinrich von Kleist (1777–1811, z. B. *Michael Kohlhaas,* 1810), E.T.A. Hoffmann (1776–1822, z. B. *Das Fräulein von Scuderi,* 1819), Annette von Droste-Hülshoff (1797–1848, z. B. *Die Judenbuche,* 1842), Gottfried Keller (1819–1890, z. B. *Kleider machen Leute,* 1873) und viele weitere Autoren Novellen verfasst.

Literatur

Aust, Hugo: Novelle. Stuttgart: Metzler 2012.

Freund, Winfried: Einleitung – »... und ob es eine Tat war oder nur ein Ereignis ...«. Ein Versuch über die Novelle. In: Freund, Winfried (Hrsg.): Deutsche Novellen: von der Klassik bis zur Gegenwart. München: Fink 1993, S. 7–14.

Rath, Wolfgang: Die Novelle. Konzept und Geschichte. Göttingen: Vandenhoeck & Ruprecht 2008, S. 57–79.

Reinhardt-Becker, Elke: Einladung zur Literaturwissenschaft: www.uni-due.de/einladung (Stand: Herbst 2012)

Poetischer Realismus (1848–1880)

Die Grundlage für den poetischen Realismus bilden wirtschaftliche, politische und soziale Veränderungen im 19. Jahrhundert. In dieser Zeit kam es zu zahlreichen neuen technischen Erfindungen, Produktion und Handel expandierten und viele Handwerker stiegen zu Industriellen auf. Insgesamt kann man von einem erheblichen wirtschaftlichen Aufschwung sprechen, der sich auch auf die Gesellschaft auswirkte. Die soziale Struktur wurde nicht mehr durch die Stände bestimmt, sodass nun neben dem Adel beispielsweise auch Fabrikbesitzer an der Spitze der Gesellschaft standen. Zudem fand eine Verbürgerlichung der Literatur statt, d. h., dass Bücher und Kunst breiten gesellschaftlichen Schichten zugänglich wurden. Dies lag zum einen daran, dass immer mehr Menschen lesen konnten, zum anderen war die Herstellung (Papier/Druck) von Büchern zunehmend günstiger geworden. Da nun nicht mehr nur für sozioökonomisch höhergestellte Personen geschrieben wurde, stammten auch die in Büchern präsentierten Figuren aus allen Berufsgruppen. Es setzte sich bei Autoren die Auffassung durch, dass Literatur an der Wirklichkeit und nicht, wie zuvor in der Romantik, an metaphysischen (überirdischen) Ideen orientiert sein sollte. Diese Annäherung an die Realität führte jedoch nicht zu einer genauen Abbildung der Natur, vielmehr ging es darum, Ideal und Wirklichkeit miteinander zu verbinden. Otto Ludwig (1813–1865), der erstmals den Begriff poetischer Realismus prägte, forderte die Präsentation einer Welt, »die in der Mitte steht zwischen der objektiven Wahrheit in den Dingen und dem Gesetze, das unser Geist hineinzulegen gedrungen ist« (Ludwig 1860/1911, S. 196 f.). Dieser Orientierung folgte auch Gottfried Keller, der nicht nur aktuelle gesellschaftliche Entwicklungen in seinen Erzählungen spiegelte, sondern auch märchenhafte Elemente integrierte. Dieses Fantastische diente mitunter dazu, eine immer unverständlicher werdende Umwelt wieder verständlich zu machen. Indem die Realität ins Märchenhafte, in dem alles ein Ziel und einen Sinn hat, übertragen wurde, erschien die tatsächlich unübersichtlich gewordene Welt wieder geordnet und sinnvoll.

Literatur

Fontane, Theodor: Unsere lyrische und epische Poesie seit 1848. www.uni-due.de/lyriktheorie/texte/1853_fontane.html [zuletzt aufgerufen am 17. Dezember 2012].

Jeßing, Benedikt: Neuere deutsche Literaturgeschichte. Eine Einführung. Tübingen: Narr 2008, S. 176–184.

Ludwig, Otto; Heydrich, Moritz (Hrsg.): Der poetische Realismus aus den Jahren 1858–1860. Halle: Genesius 1911, S. 196 f.

May, Yomb: Gottfried Kellers »Die Leute von Seldwyla« als Paradigma des bürgerlichen Realismus. In: Hahn, Hans-Joachim; Seja, Uwe (Hrsg.): Gottfried Keller: Die Leute von Seldwyla. Kritische Studien – Critical Essays. Oxford u. a.: Lang 2007, S. 71–91.

Politische Entwicklung der Schweiz im 19. Jahrhundert

Zu Beginn des 19. Jahrhunderts gab es in den schweizerischen Kantonen drei große politische Strömungen: Konservatismus, Liberalismus und demokratischer Radikalismus. Während die konservativen Kräfte weitgehende Selbstständigkeit der Kantone forderten, favorisierten Liberale Ideen wie Rechtsgleichheit und Gewaltenteilung, welche sie durch eine

Zentralisierung des Staatenbundes erreichen wollten. Eine zentralistische Regierung verlangten auch radikale Kräfte, wobei sie im Gegensatz zu den Liberalen noch eine stärkere Rückbindung des Parlaments an den Volkswillen wünschten. 1845 schlossen sich sieben überwiegend katholische Kantone mit konservativer Ausrichtung zum sogenannten Sonderbund zusammen. Zwei Jahre später kam es zur militärischen Auflösung und dem Sieg der liberal-radikalen Kräfte. 1848 wurde schließlich eine Bundesverfassung verabschiedet, die auf einem Kompromiss zwischen den widerstreitenden Mächten beruhte. So war der Staatenbund zwar stärker zentralisiert, jedoch ohne die Souveränität der Kantone gänzlich aufzugeben. Die Bürger erhielten die gleichen Rechte sowie die Garantie von Religions-, Versammlungs- und Pressefreiheit. In den Zuständigkeitsbereich des Bundes fielen Fragen der Außenpolitik, die Aufgabe, Konflikte zwischen Kantonen zu schlichten, sowie die Verantwortung für das Post-, Zoll- und Münzwesen. Die Schulpolitik wurde hingegen in der Zuständigkeit der einzelnen Kantone belassen. 1850 bildete sich mit der Einführung des Schweizer Frankens als einziger zugelassener Währung und der Abschaffung der Binnenzölle ein einheitlicher Wirtschaftsraum, was die Industrialisierung erheblich vorantrieb.

Trotz der Bundesverfassung von 1848 erfüllten sich in den Folgejahren nicht alle demokratischen Wünsche. Viele Bürger waren über das Parlament verärgert, da es sich nun aus Wirtschaftseliten zusammensetzte. Daraus resultierend formierte sich in den 1860er-Jahren die sogenannte Demokratische Bewegung, die statt der repräsentativen Demokratie ein direktes Mitspracherecht des Volks forderte. Die Bürger wollten nicht länger nur Vertreter wählen, sondern selbst über Gesetzesänderungen abstimmen oder diese initiieren. Die Anstrengungen wurden mit der Einführung des Referendums 1874 (Abstimmungsrecht der Bürger über politische Fragen) und der Volksinitiative von 1891 (Recht der Bürger, eine Verfassungsänderung zu erwirken) belohnt.

Literatur

Hof, Ulrich im: Geschichte der Schweiz. Mit einem Nachwort von Kaspar von Greyerz. Stuttgart: Kohlhammer 2007, S. 92–130.

Jud, Markus: Schweizer Geschichte. www.geschichte-schweiz.ch [zuletzt aufgerufen am 17. Dezember 2012].

Maissen, Thomas: Geschichte der Schweiz. Baden: Hier + Jetzt, Verlag für Kultur und Geschichte 2010, S. 177–239.

Reinhardt, Volker: Geschichte der Schweiz. München: Beck 2011.